Animali e Fiori

Un Bellissimo Libro Da Colorare Per Adulti

Antistress

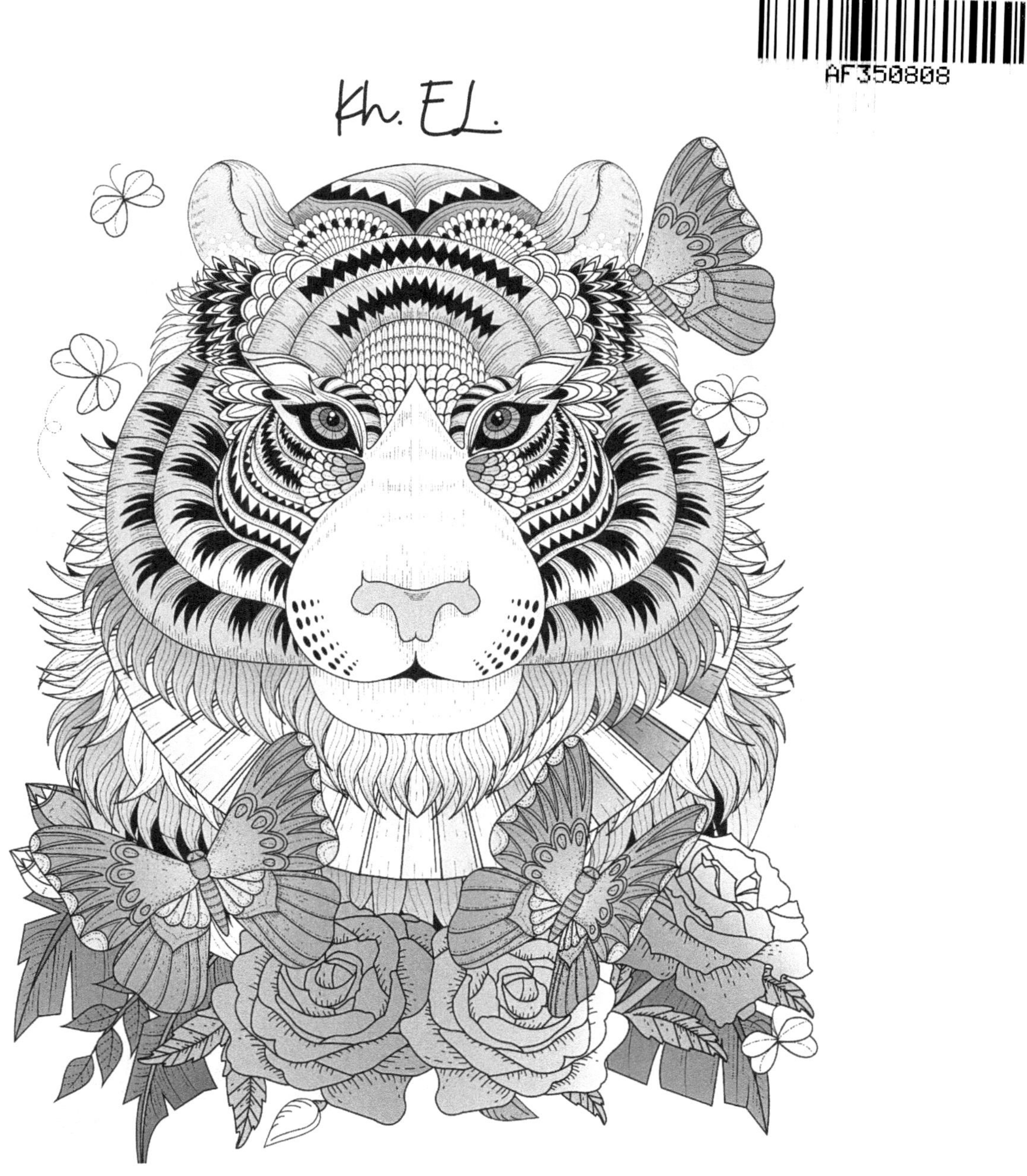

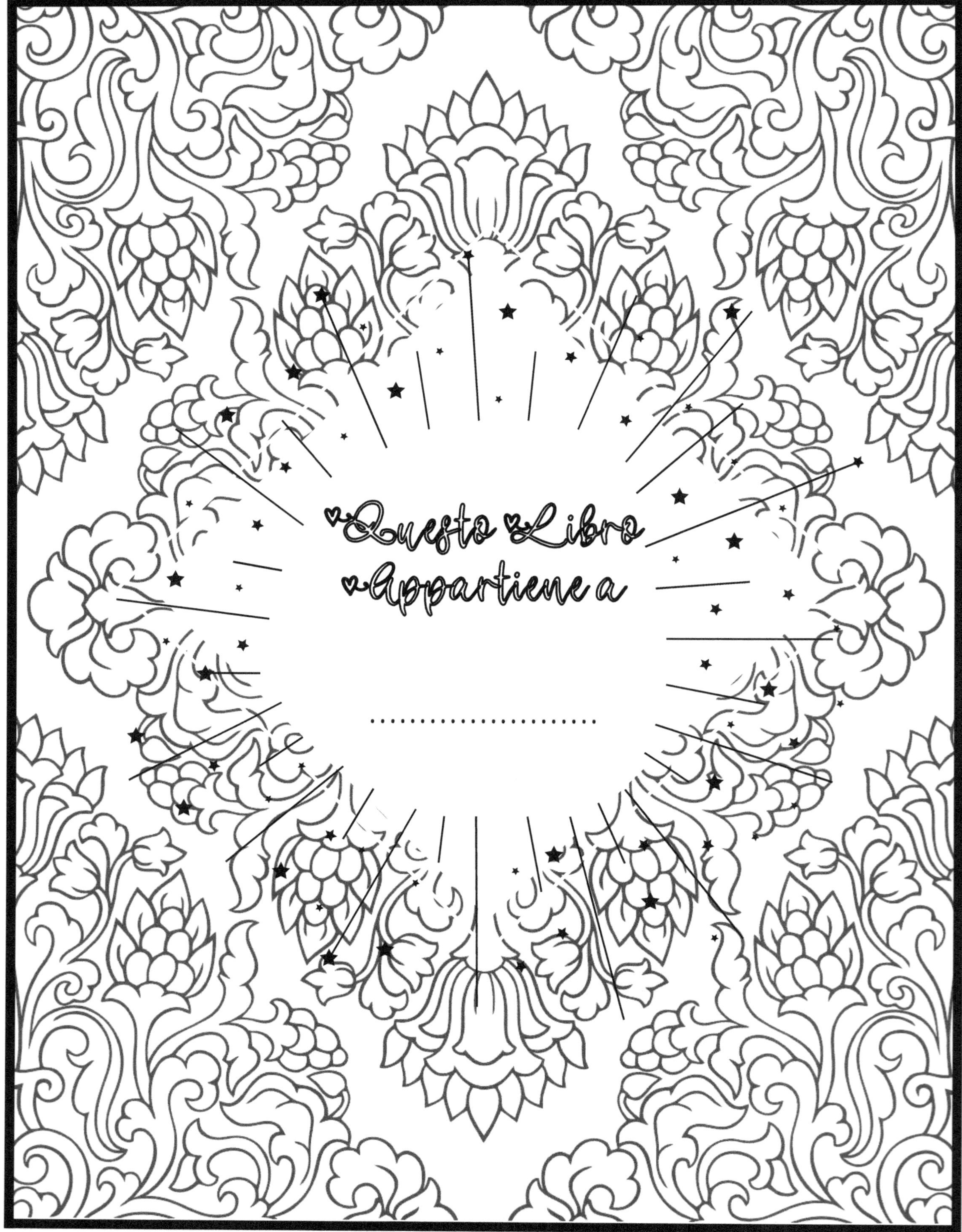
Questo Libro
Appartiene a

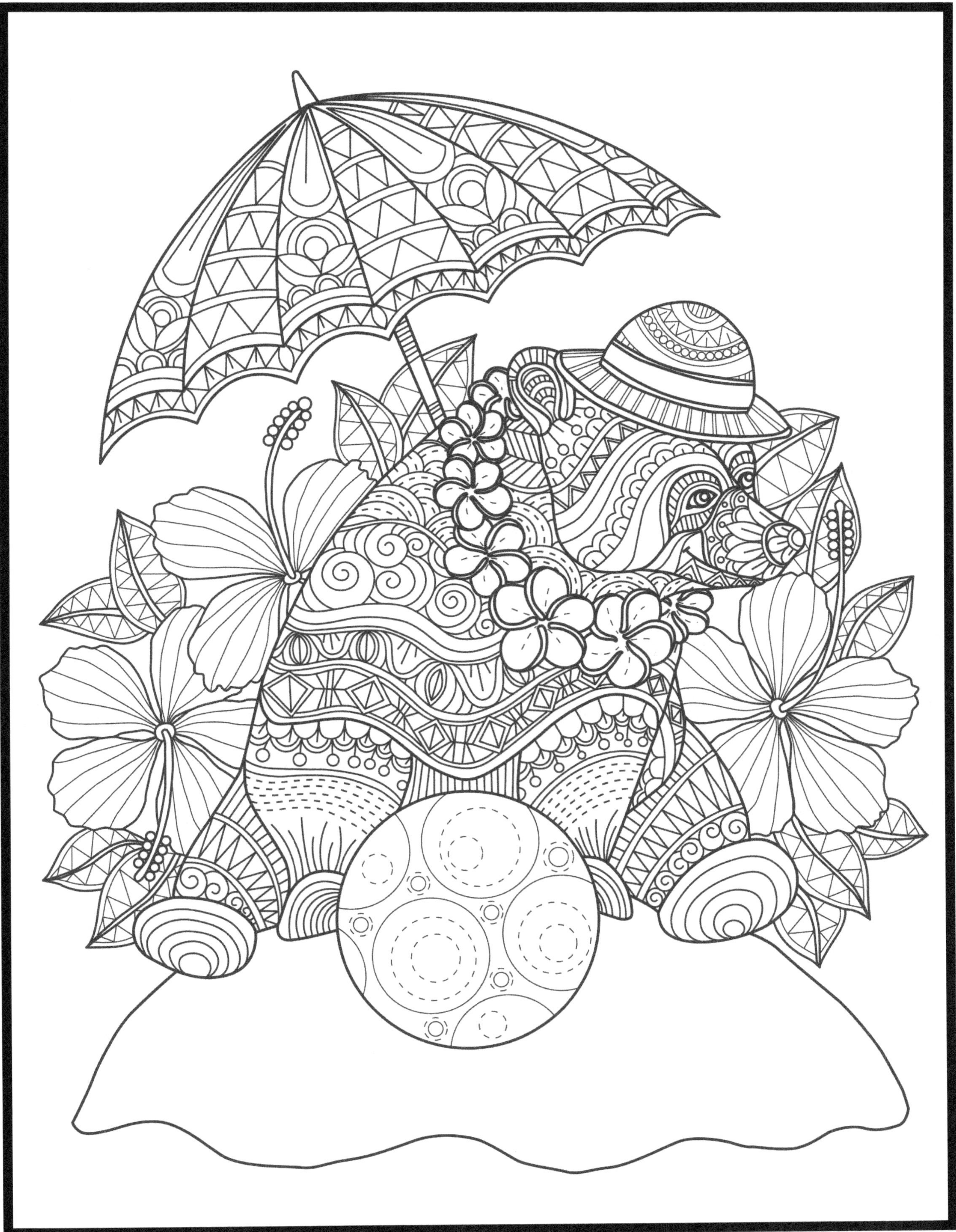

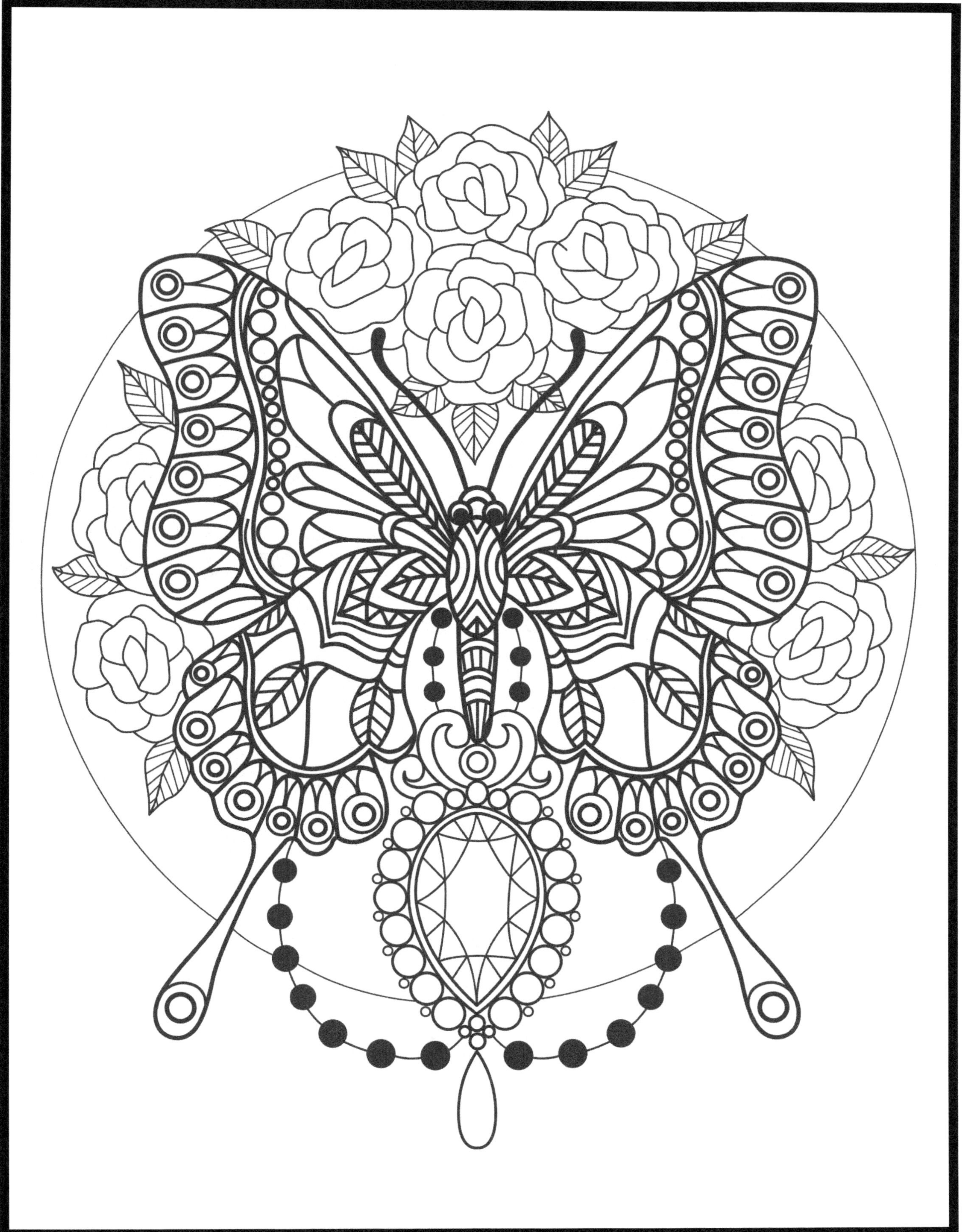

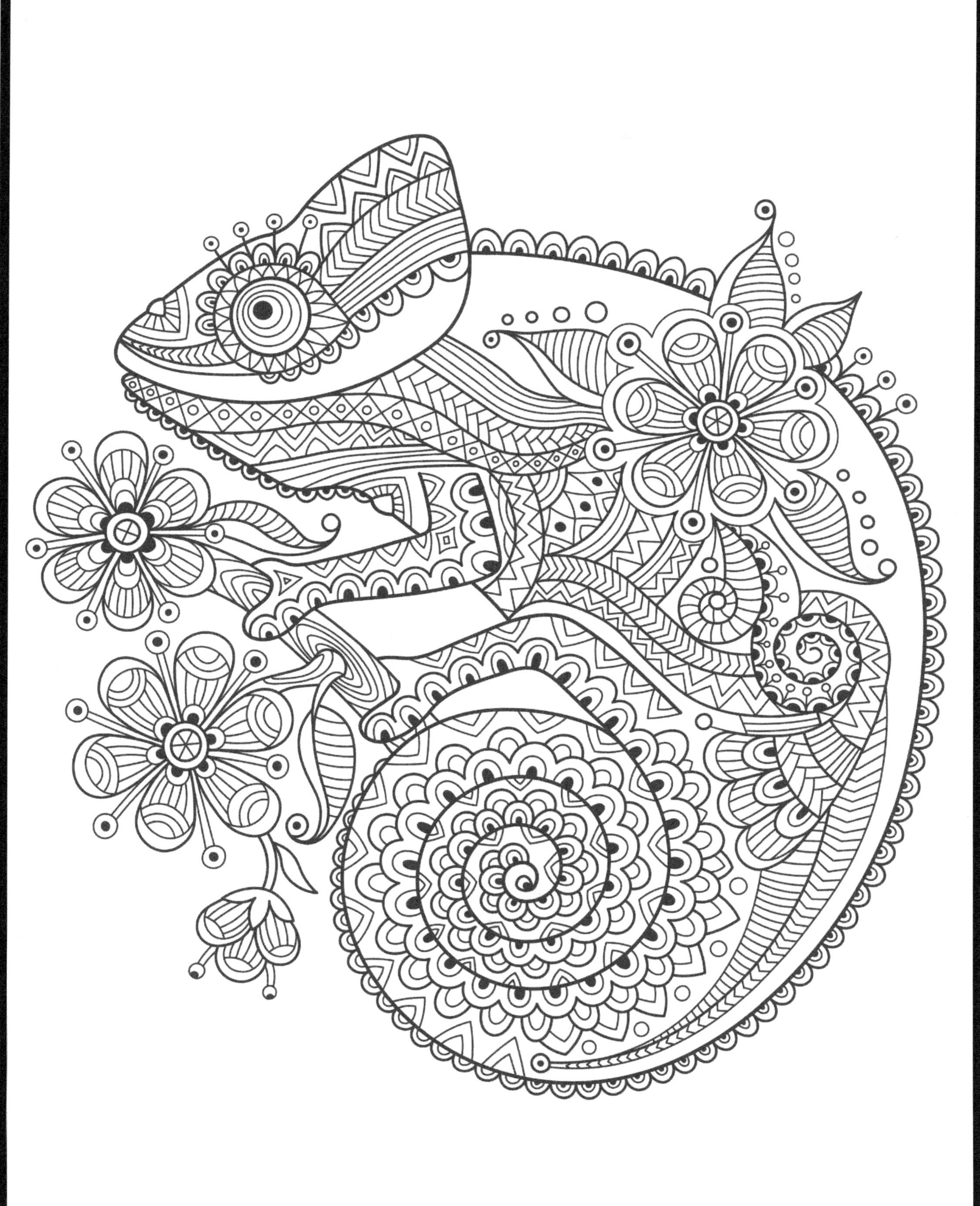

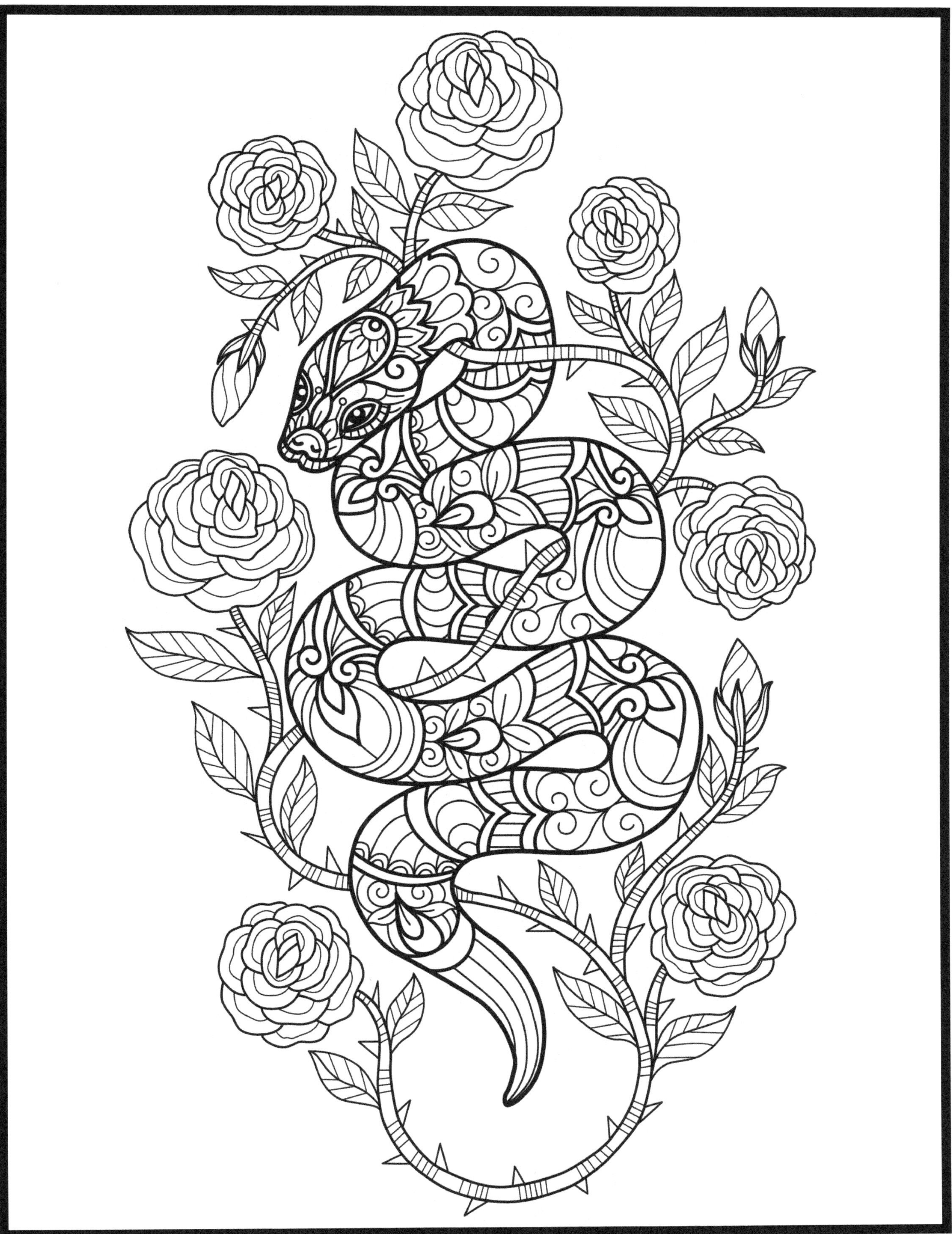

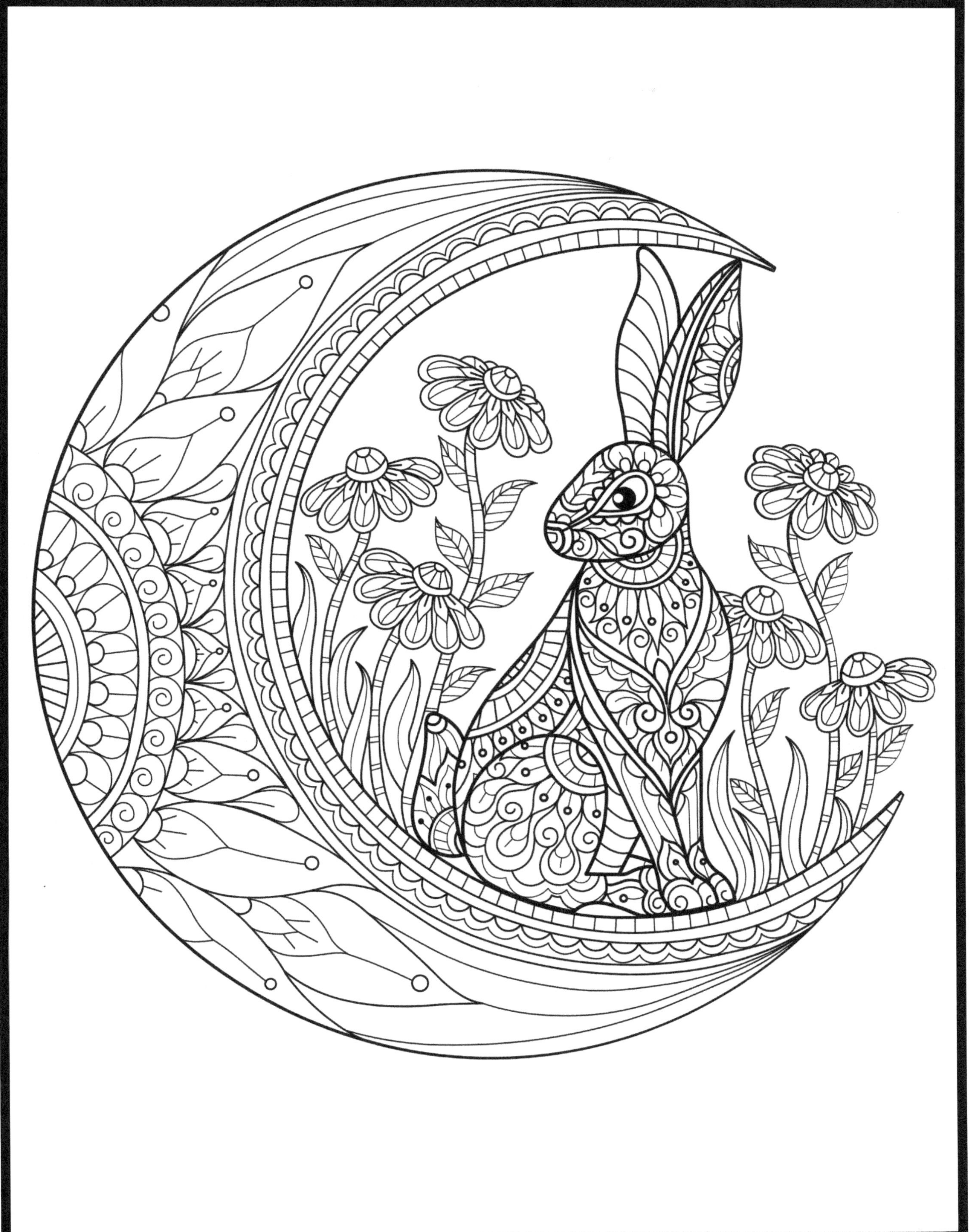

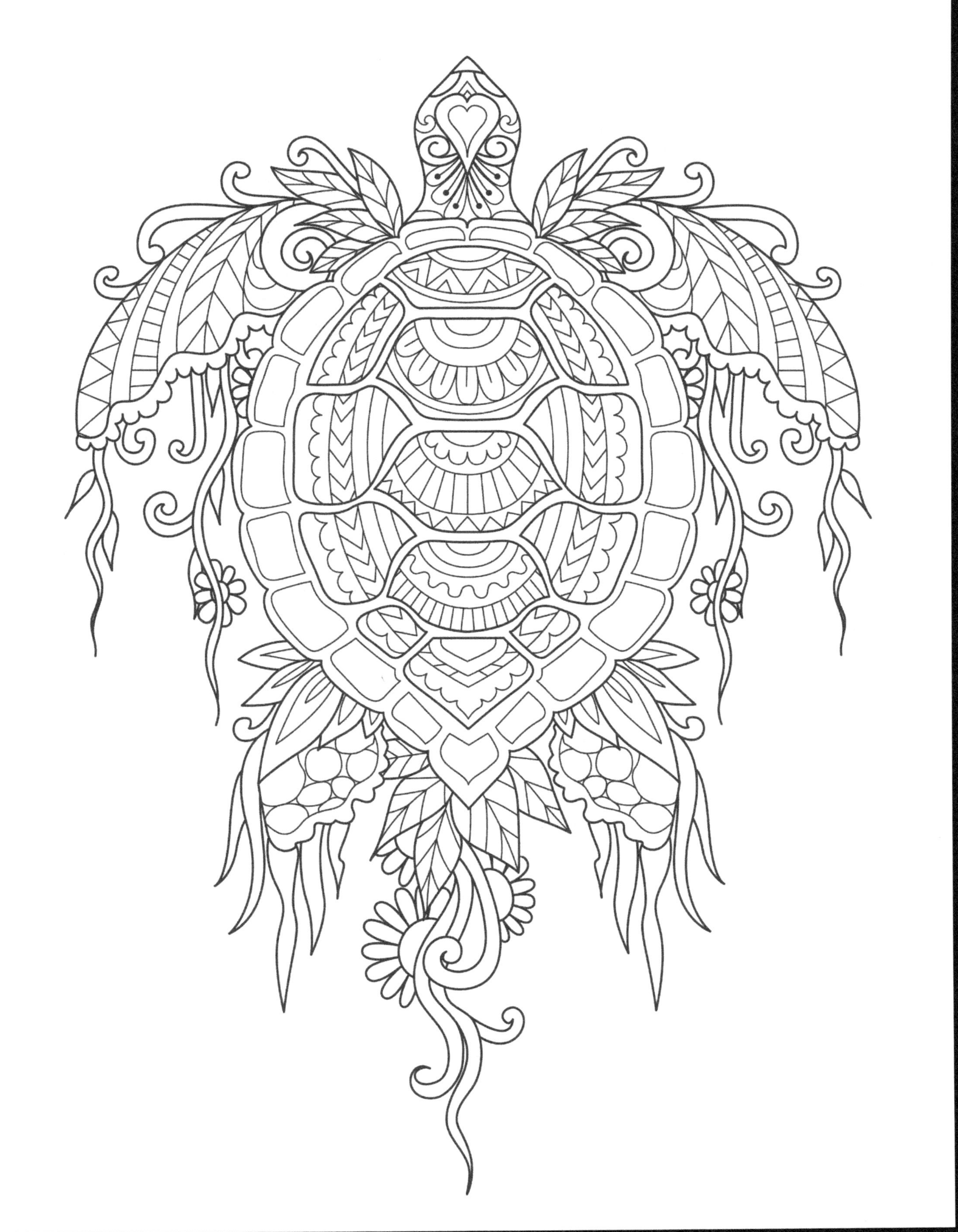

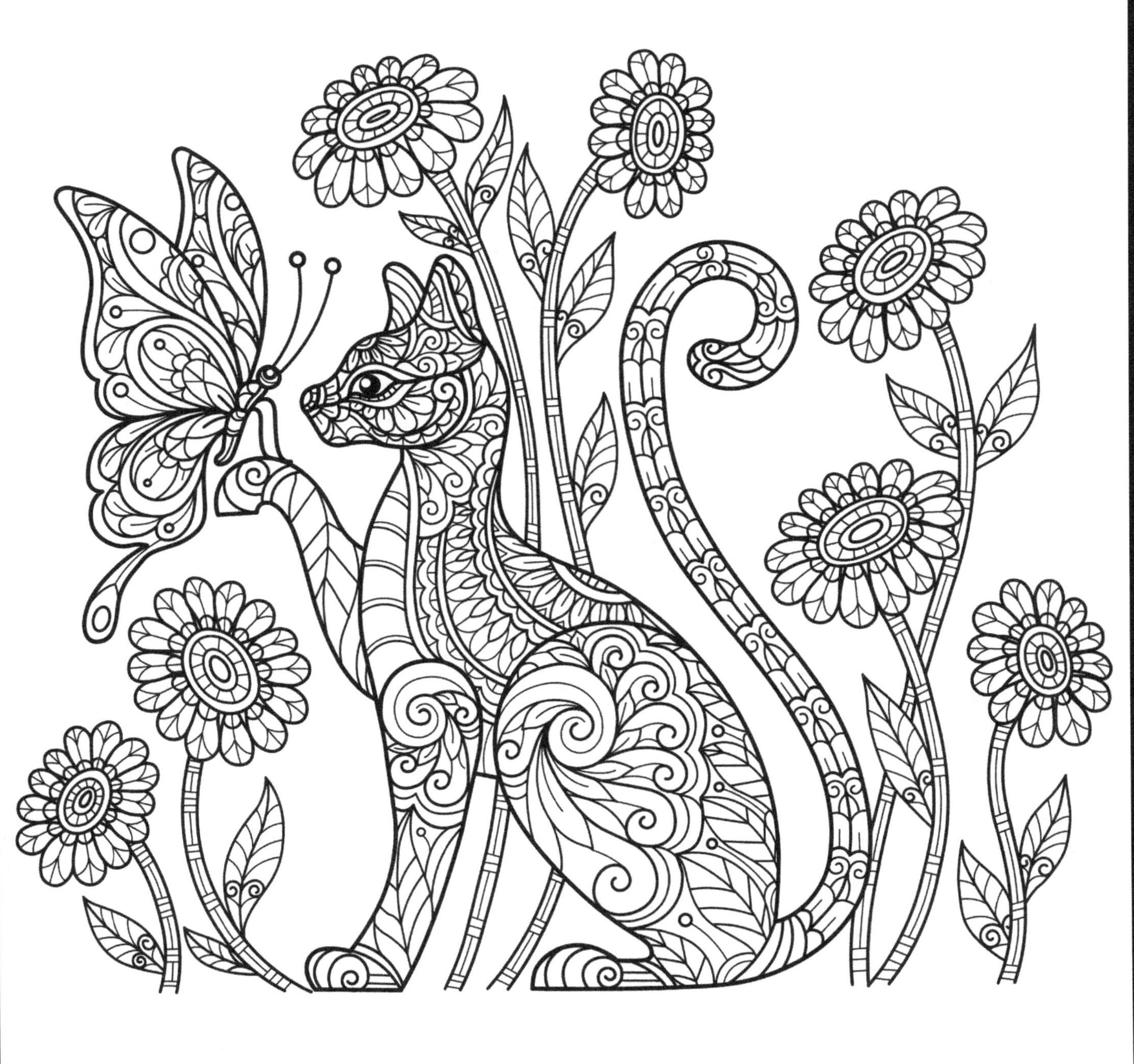

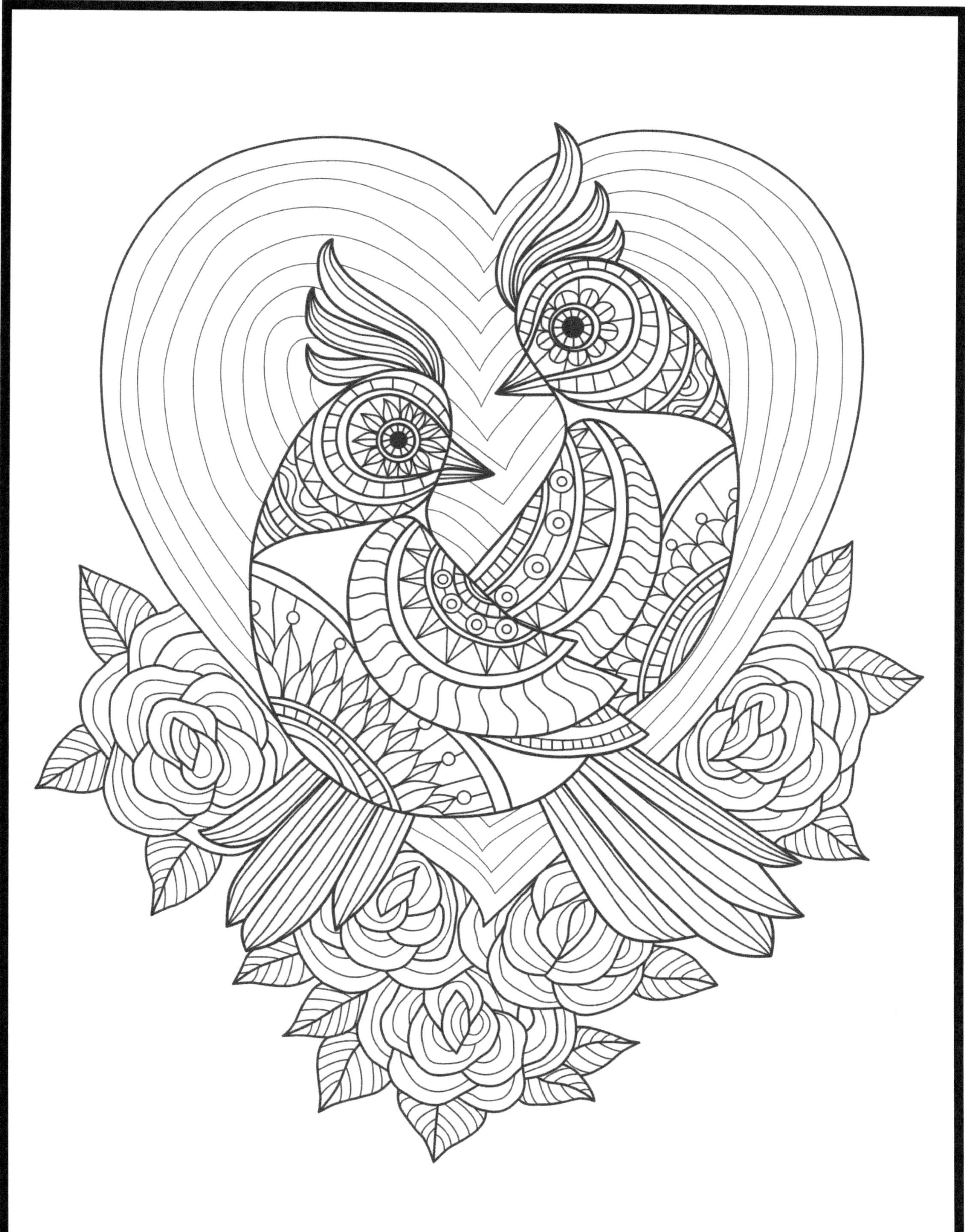

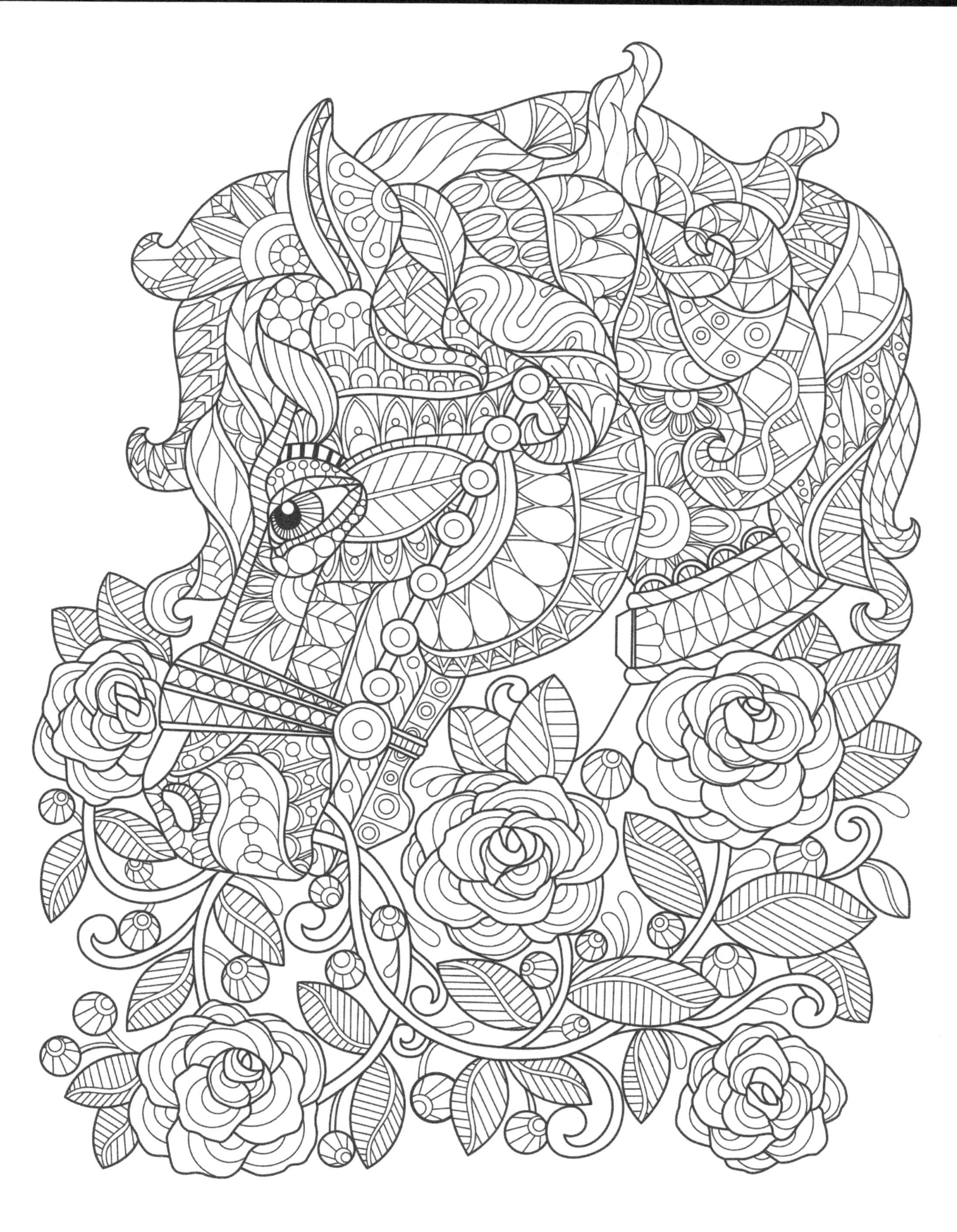

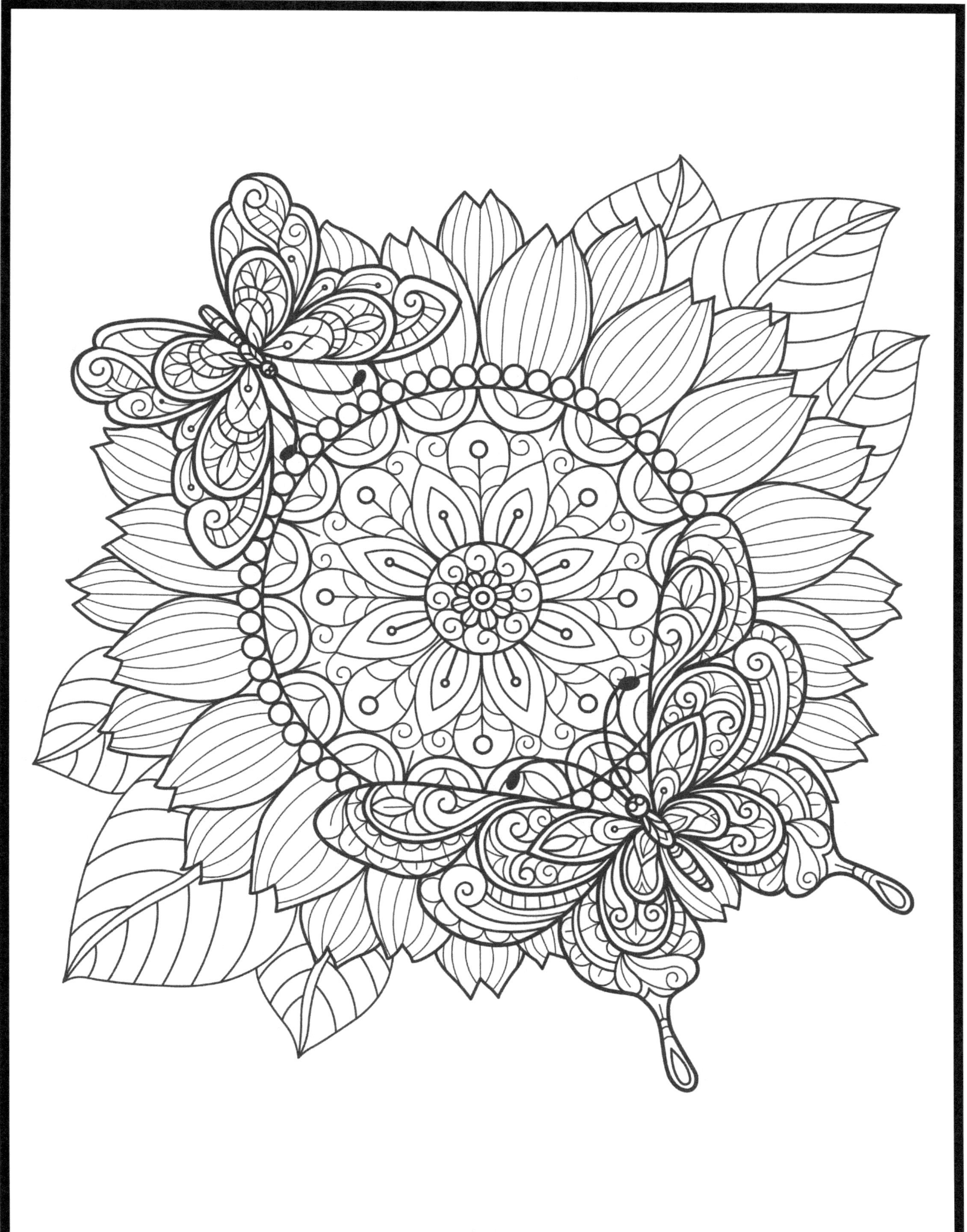

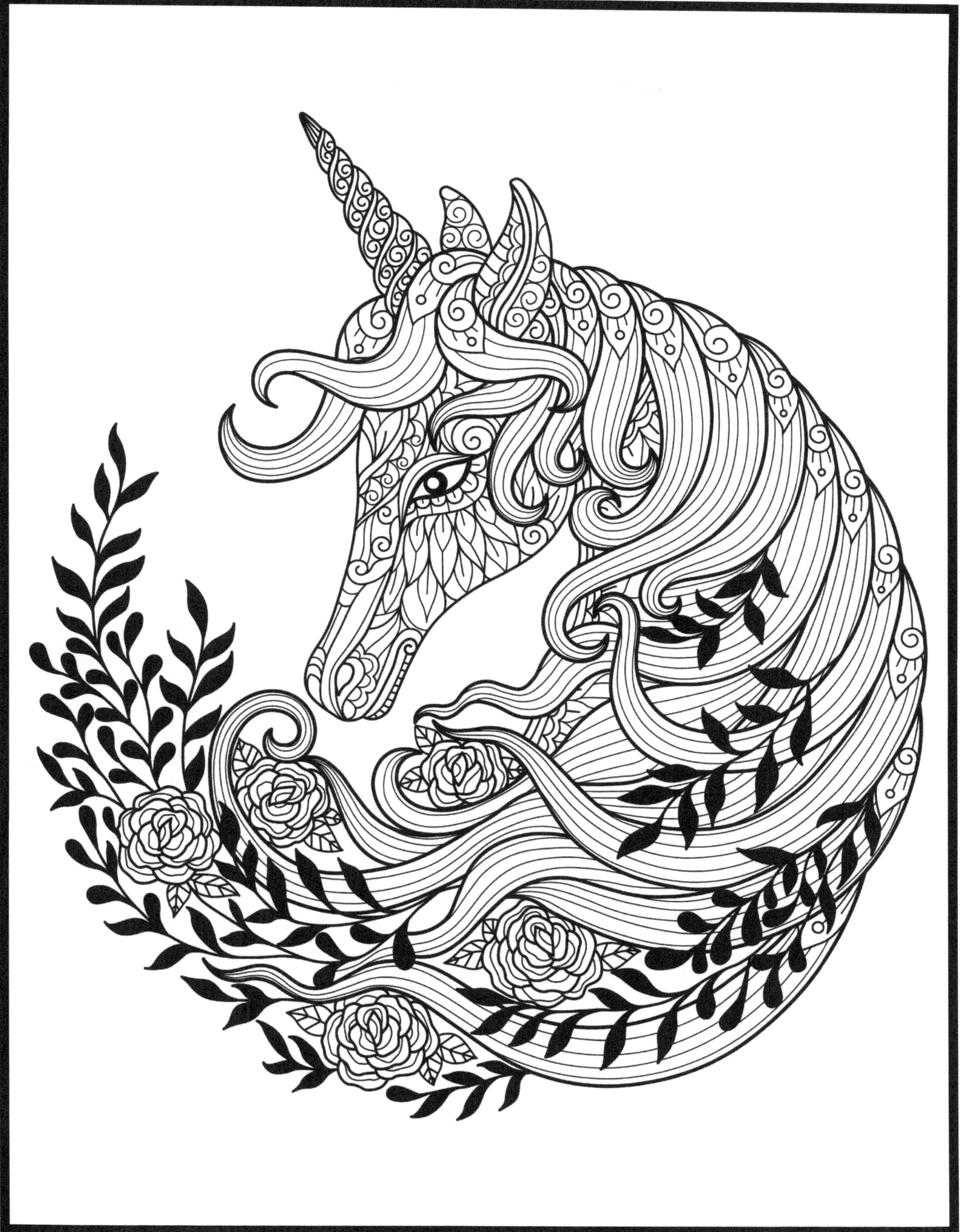

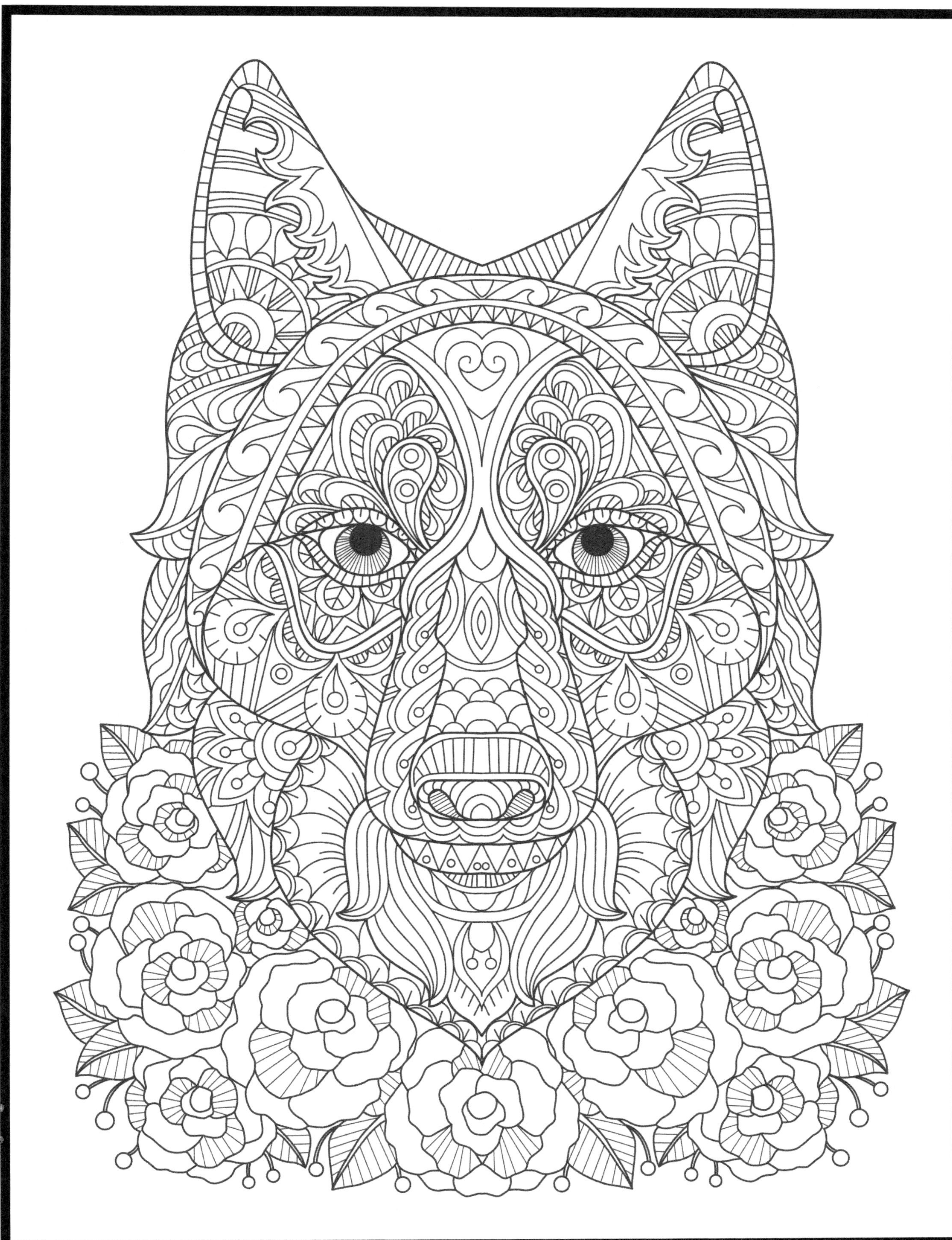

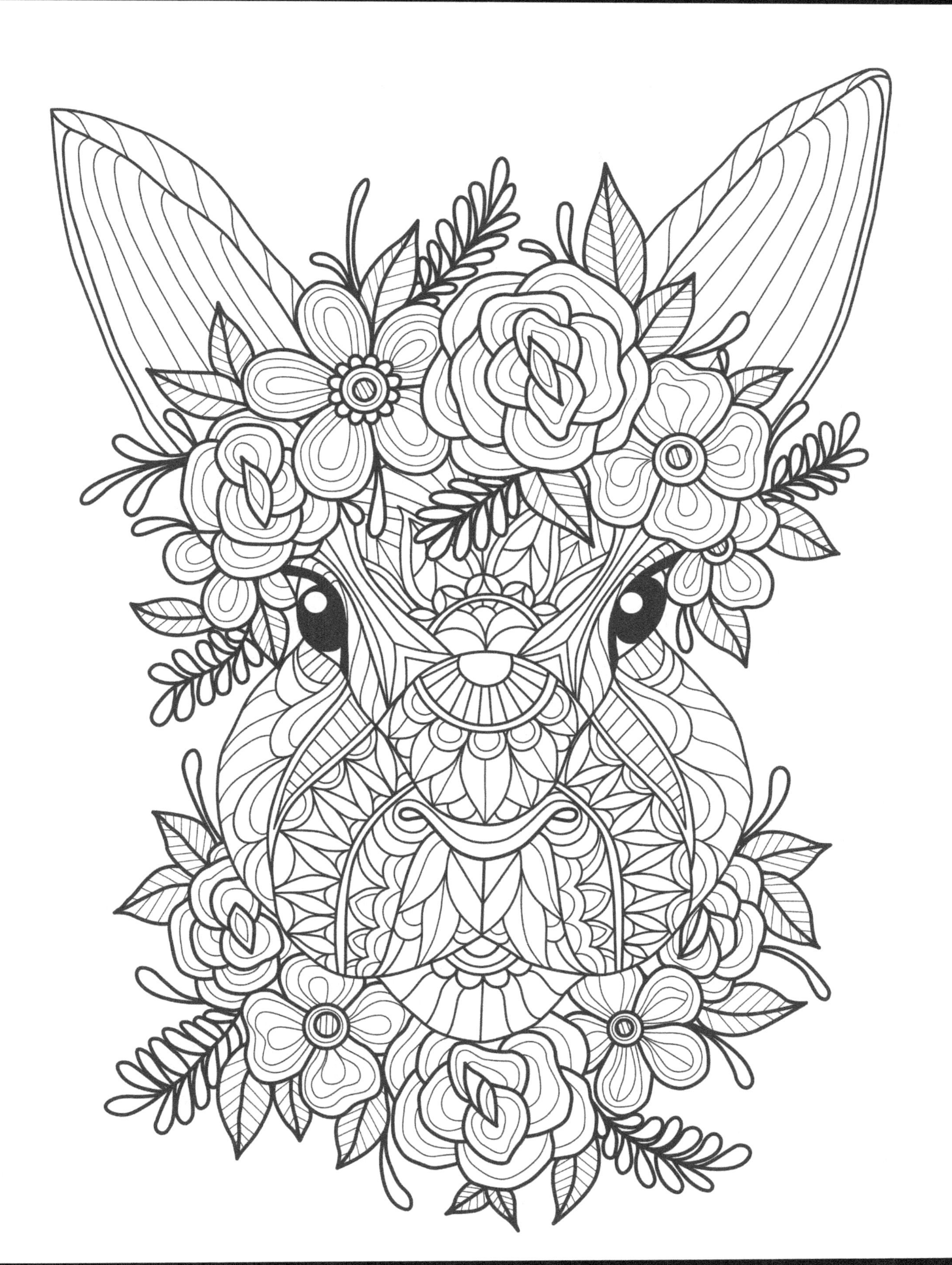

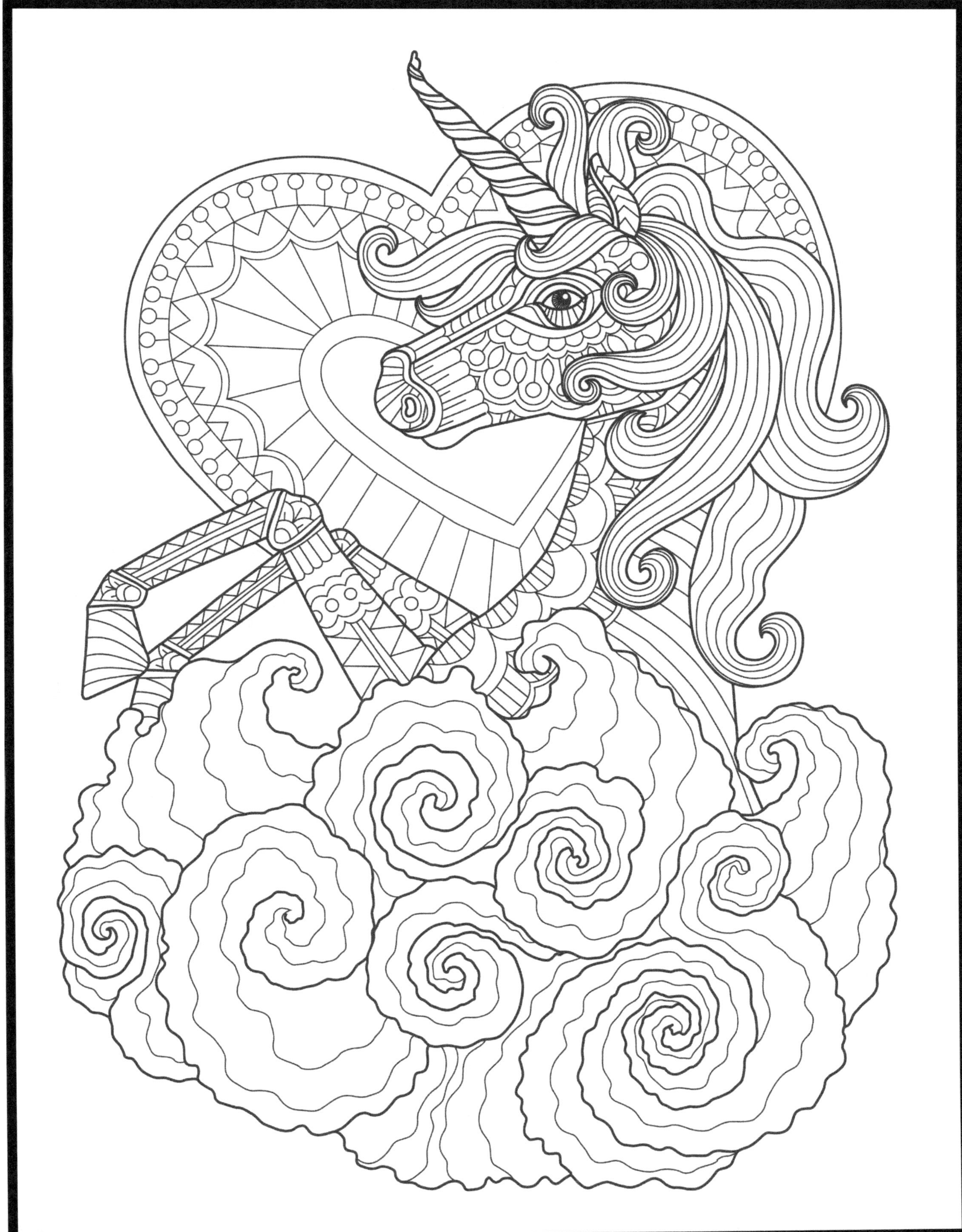

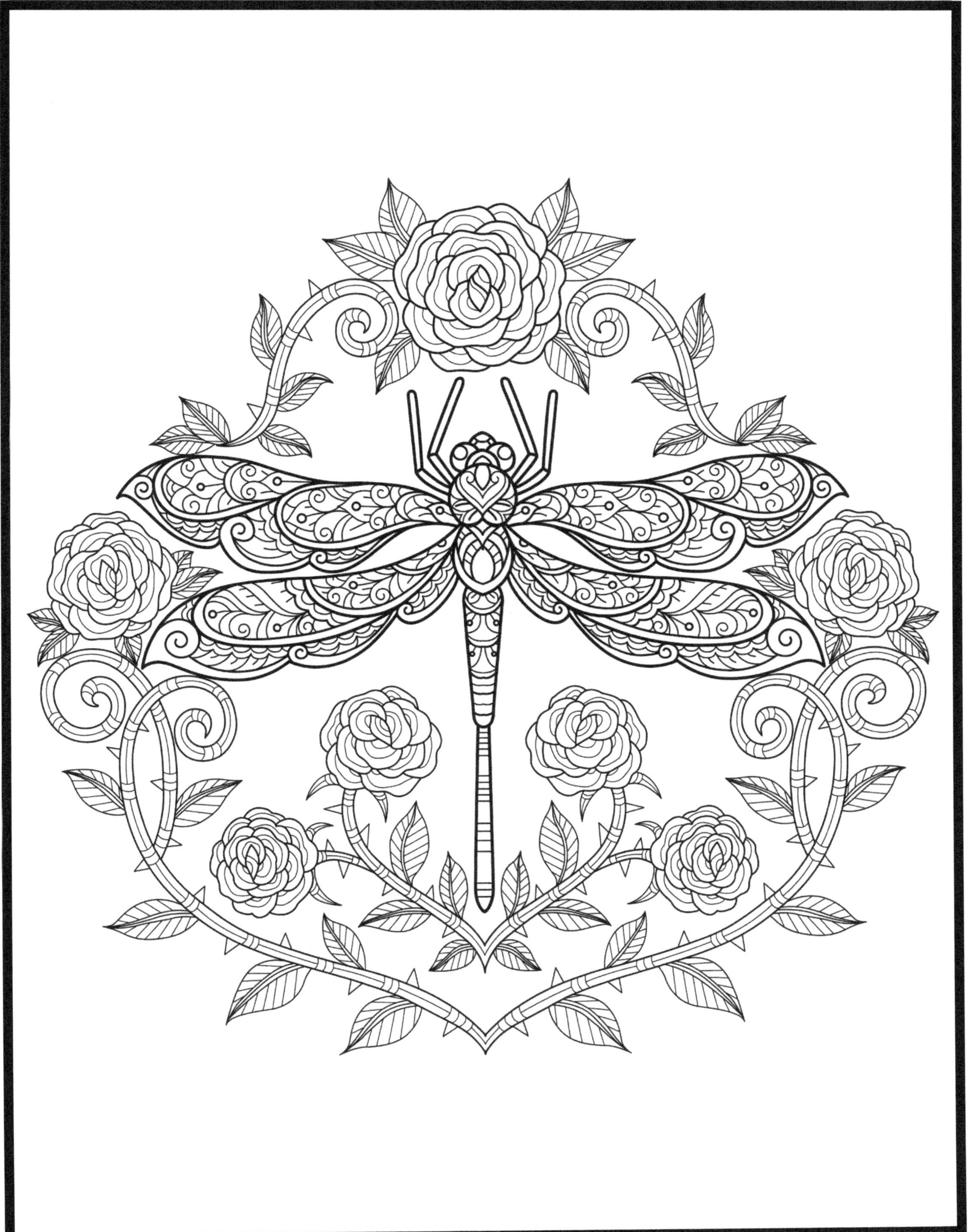

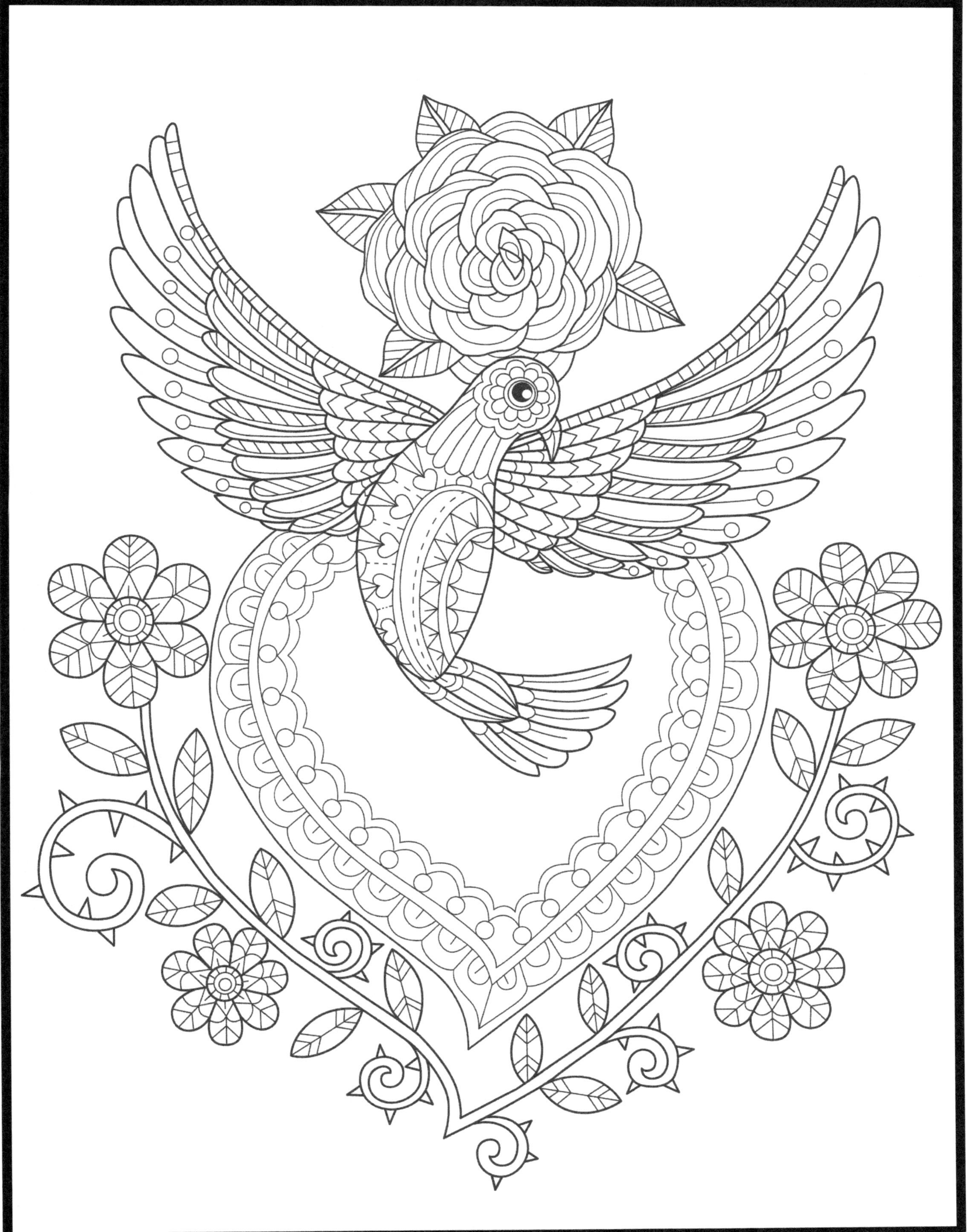

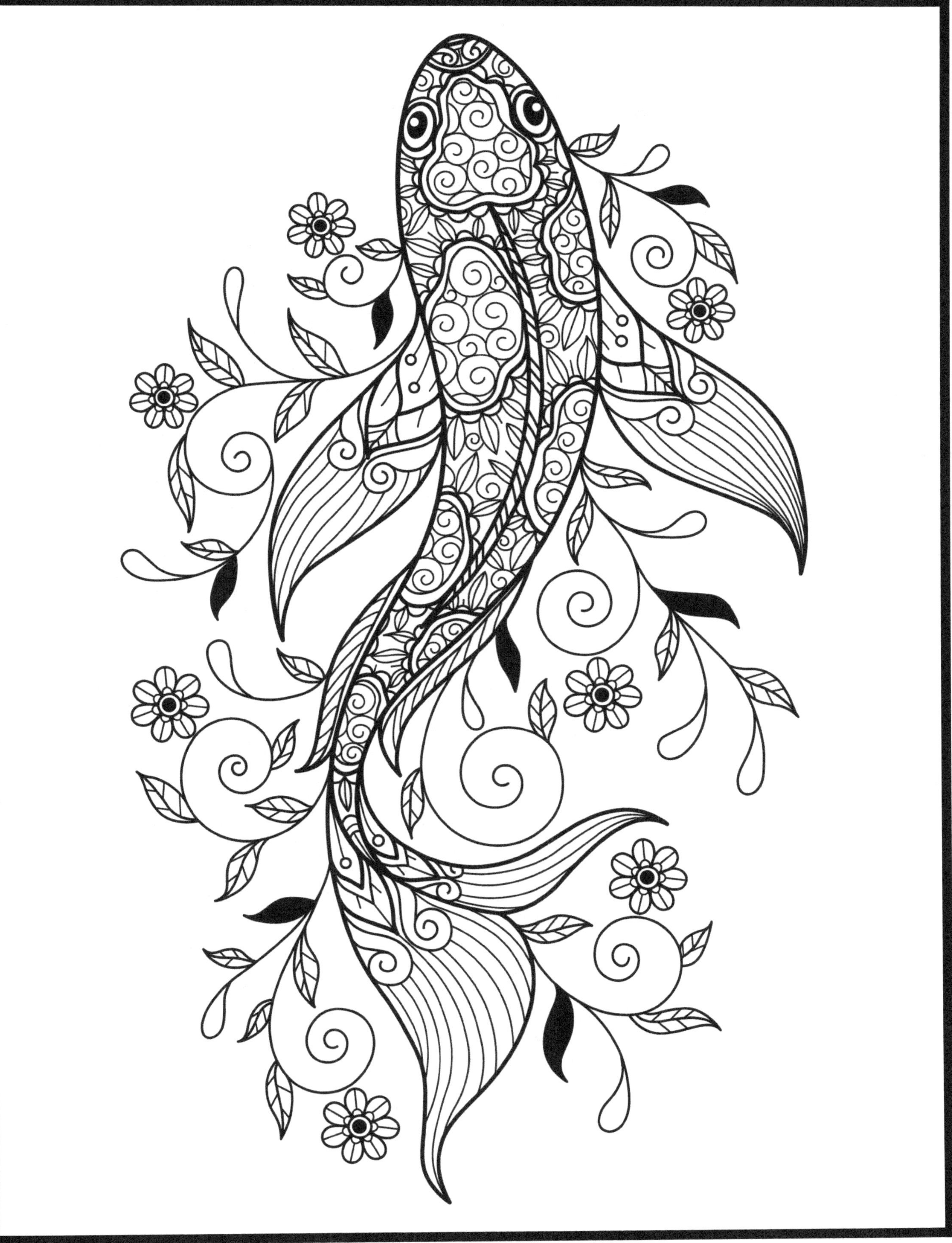

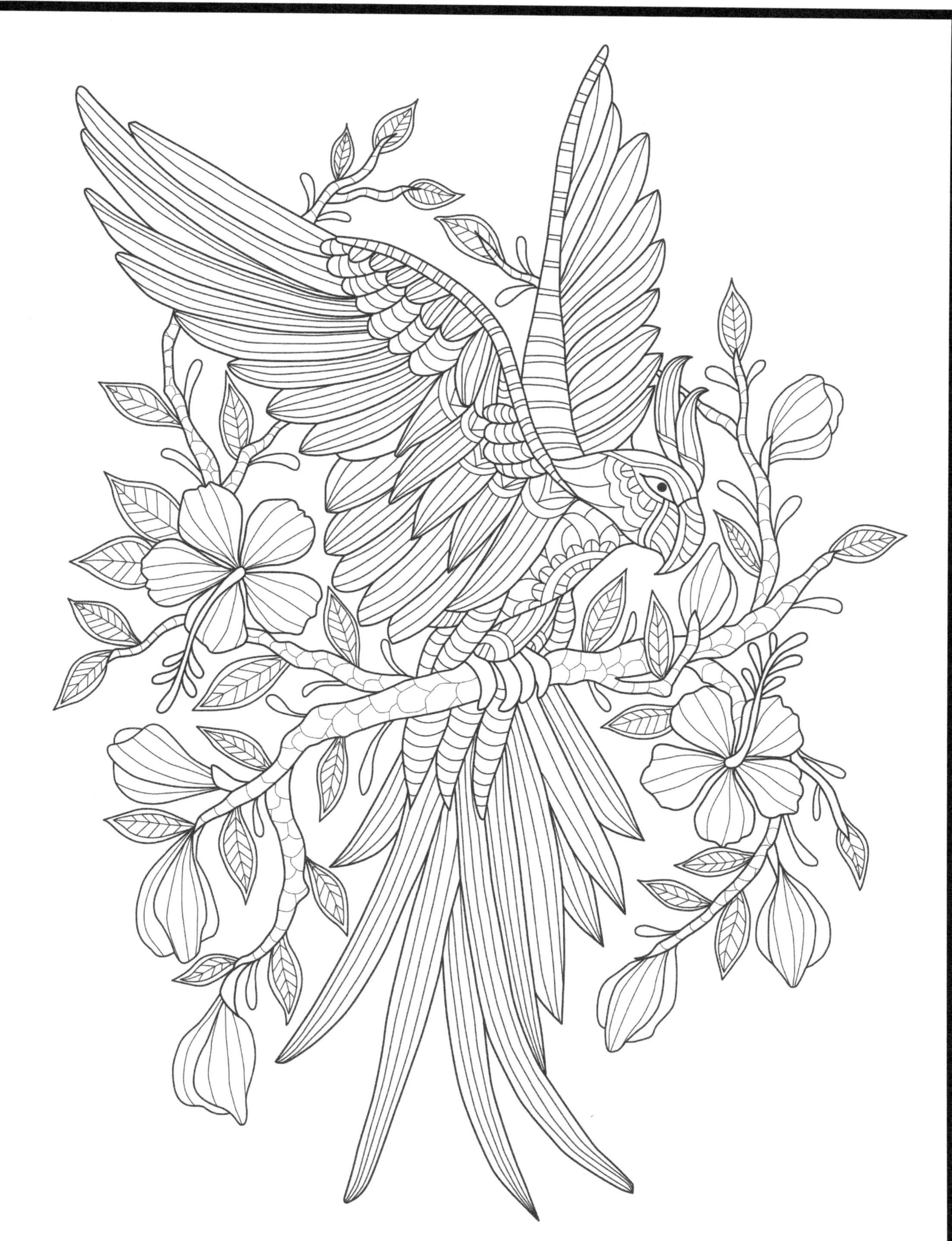

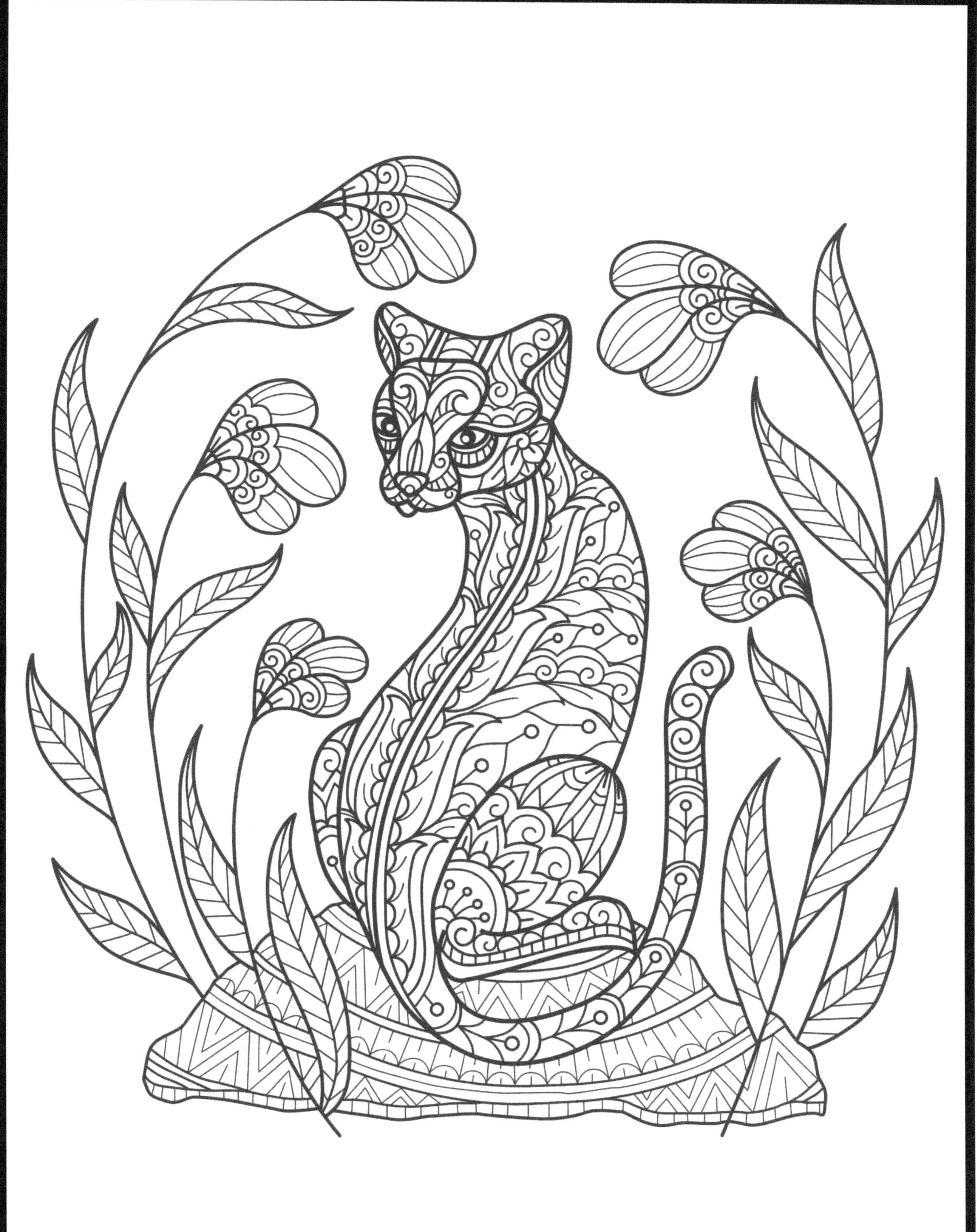

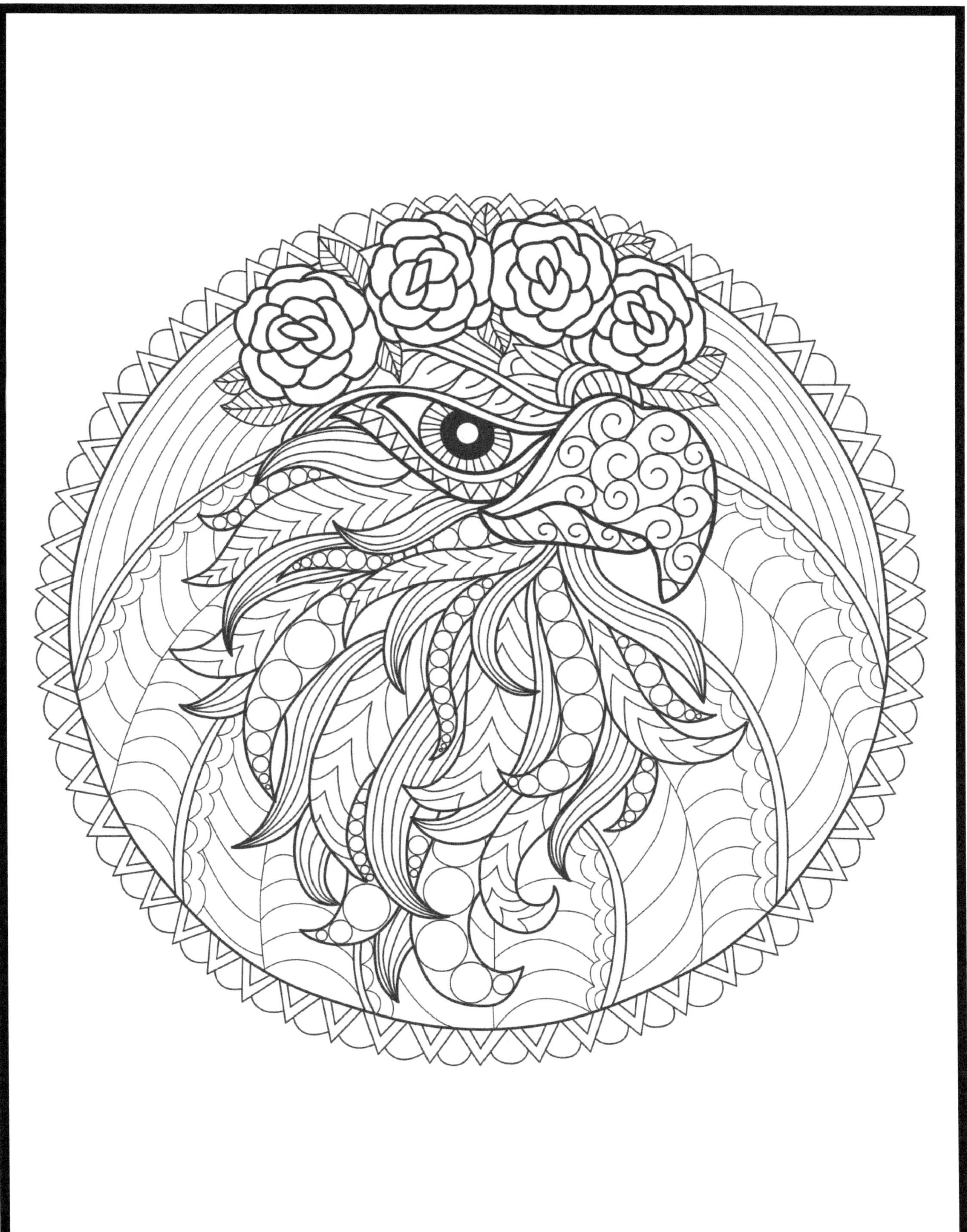

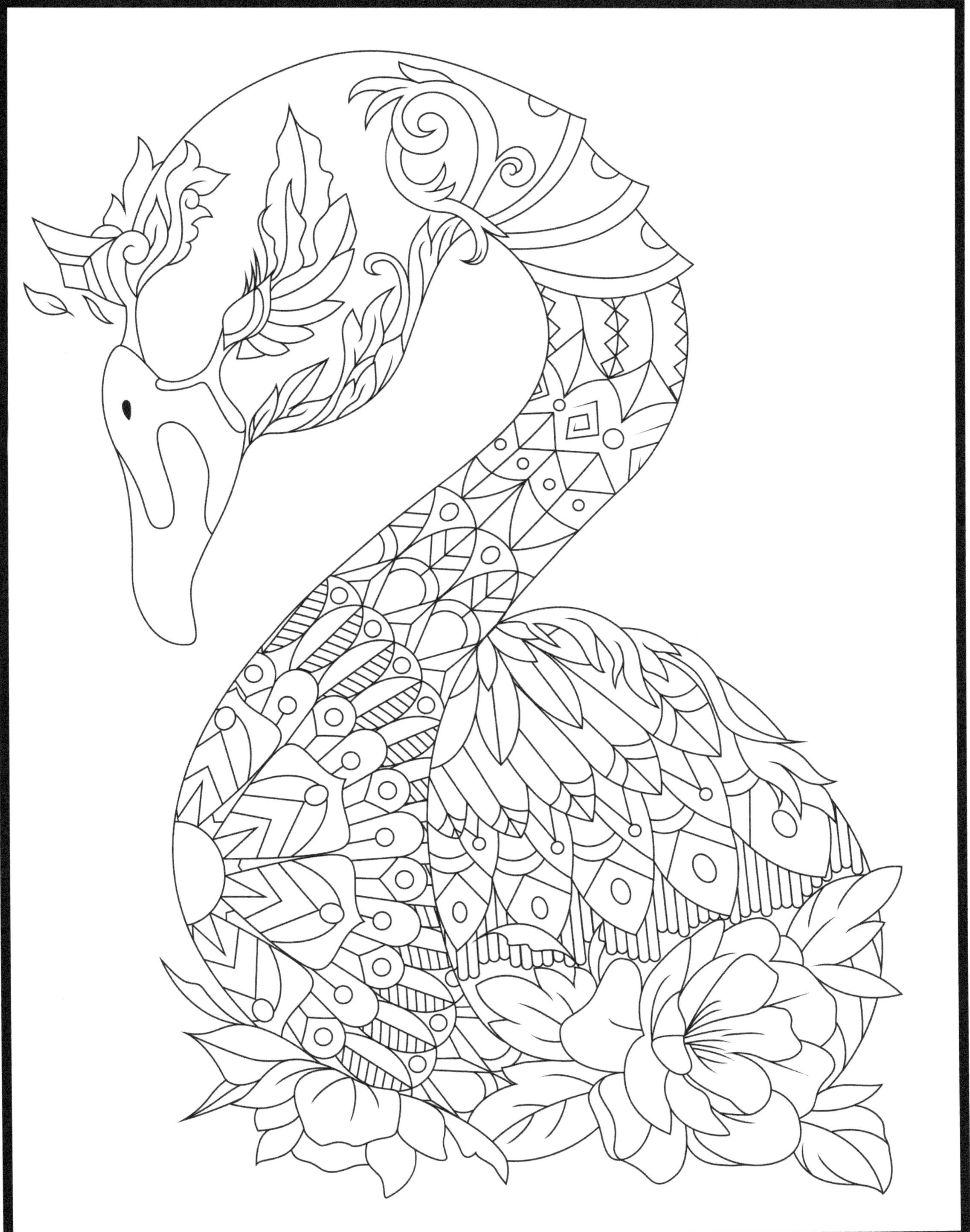

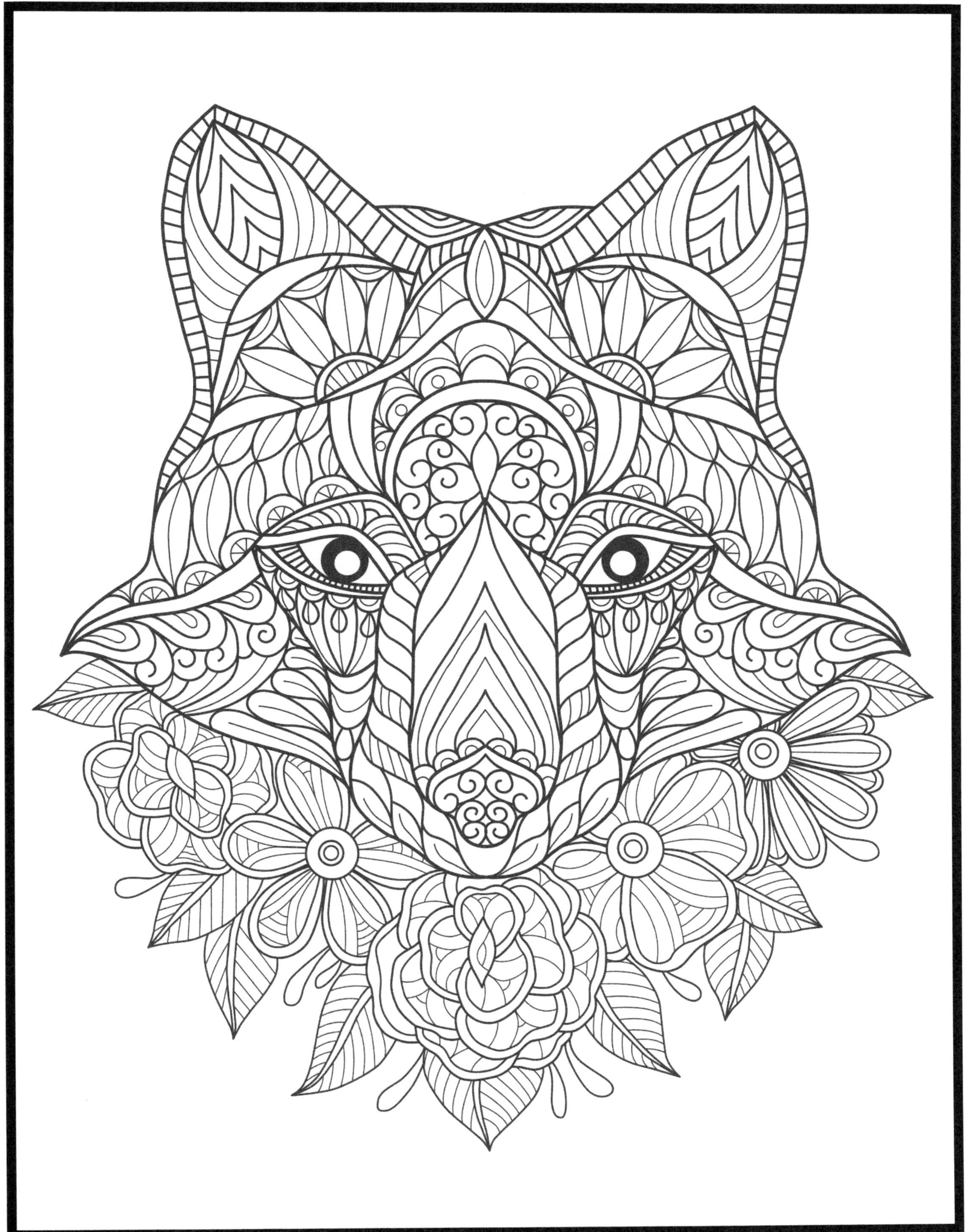

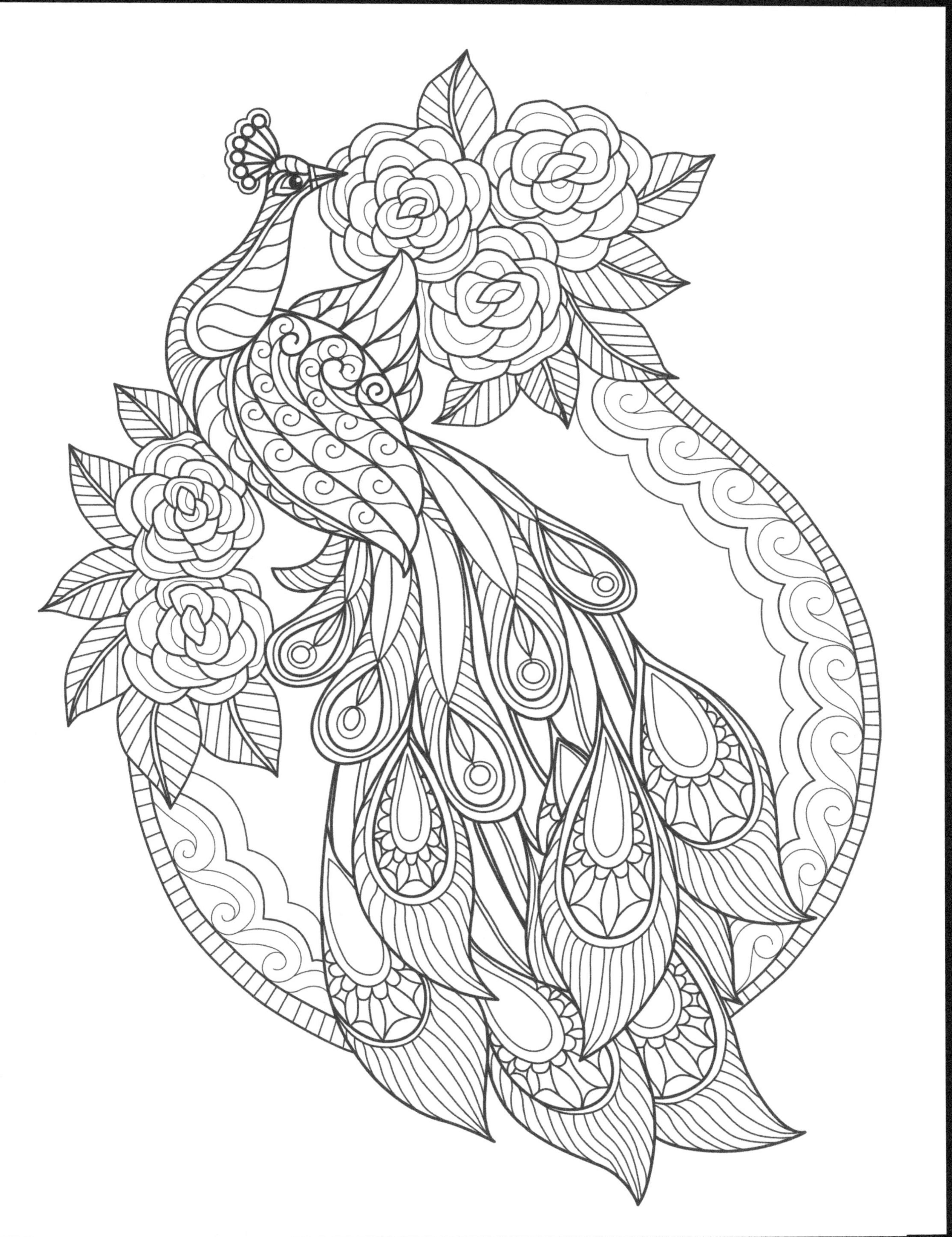

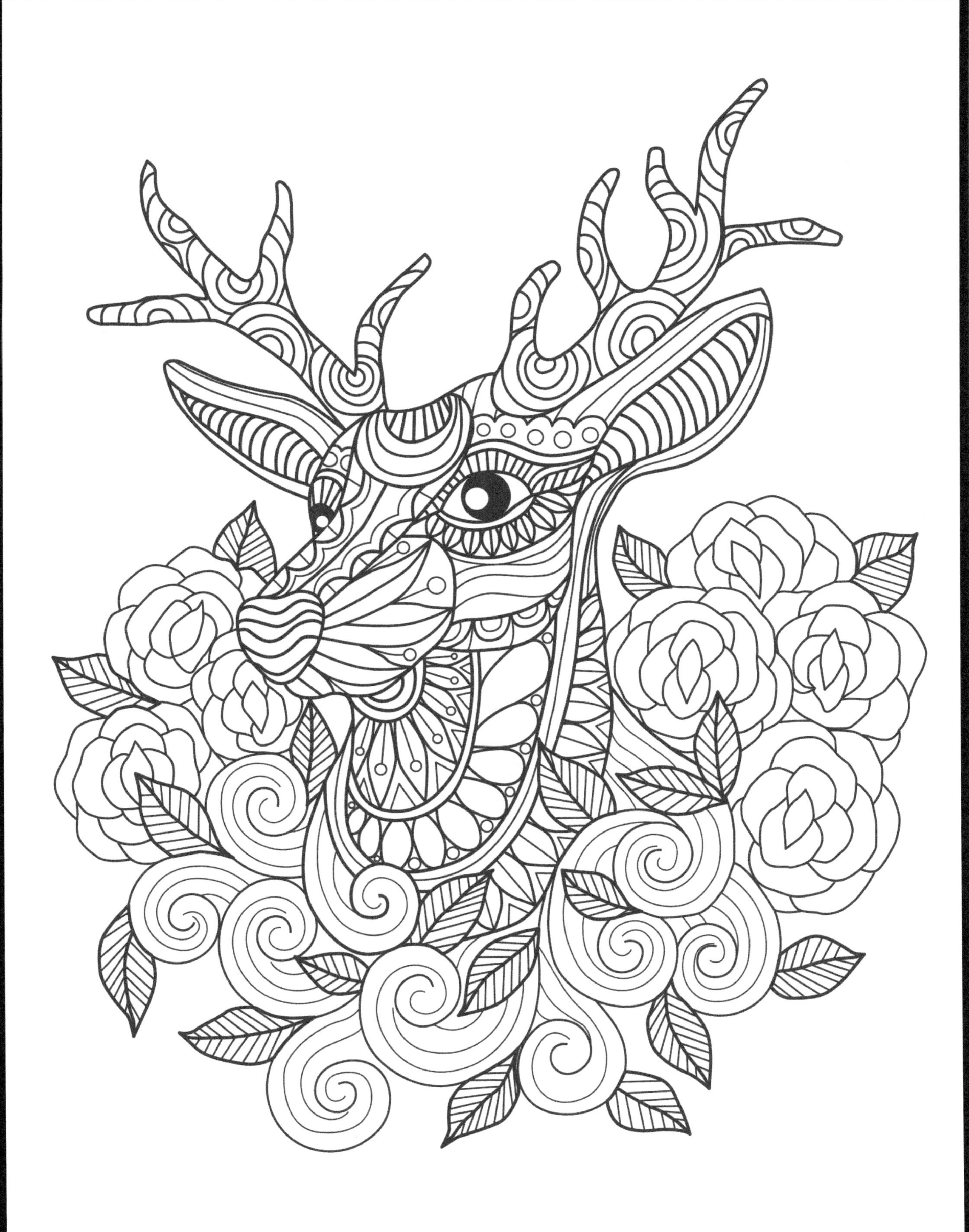

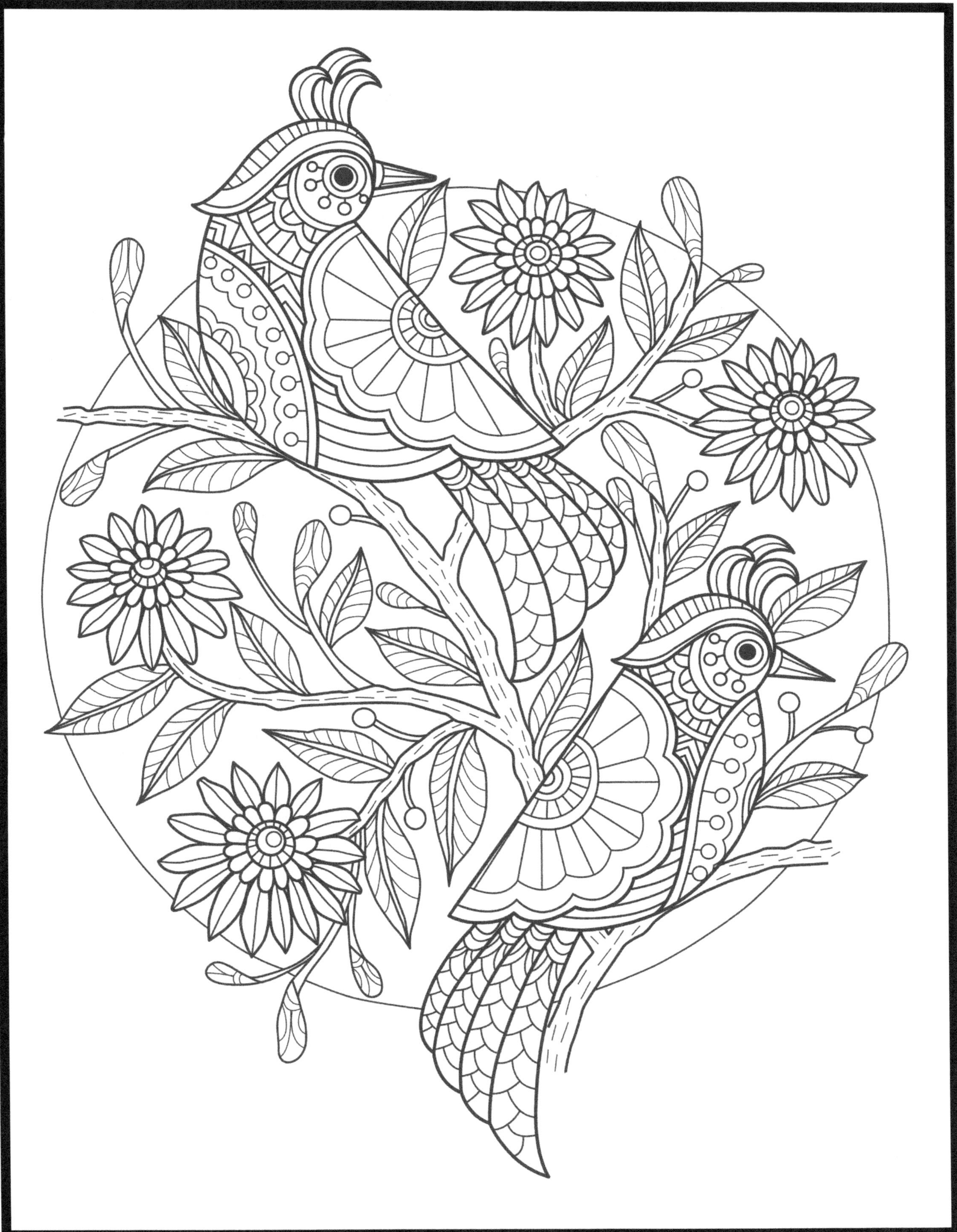

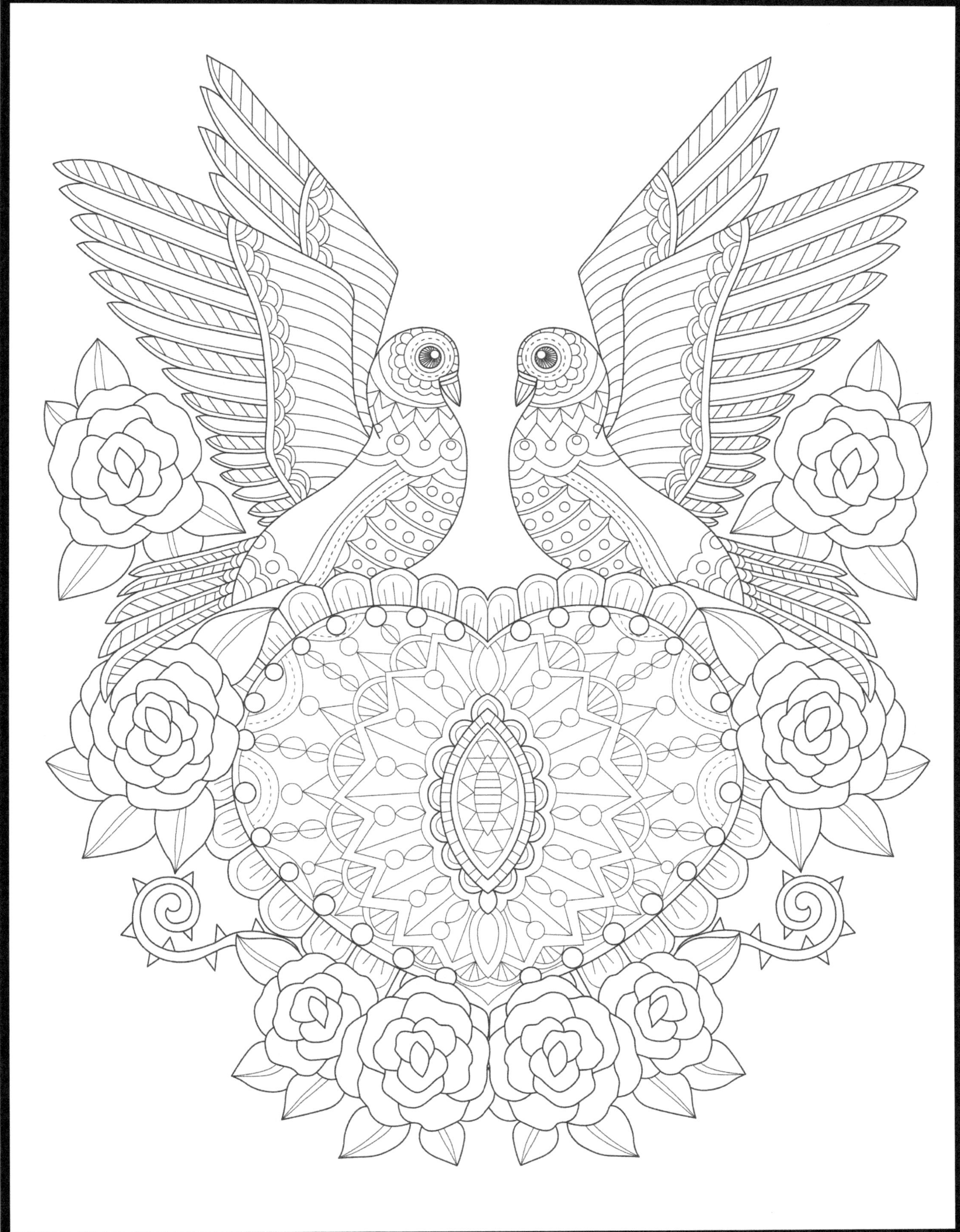

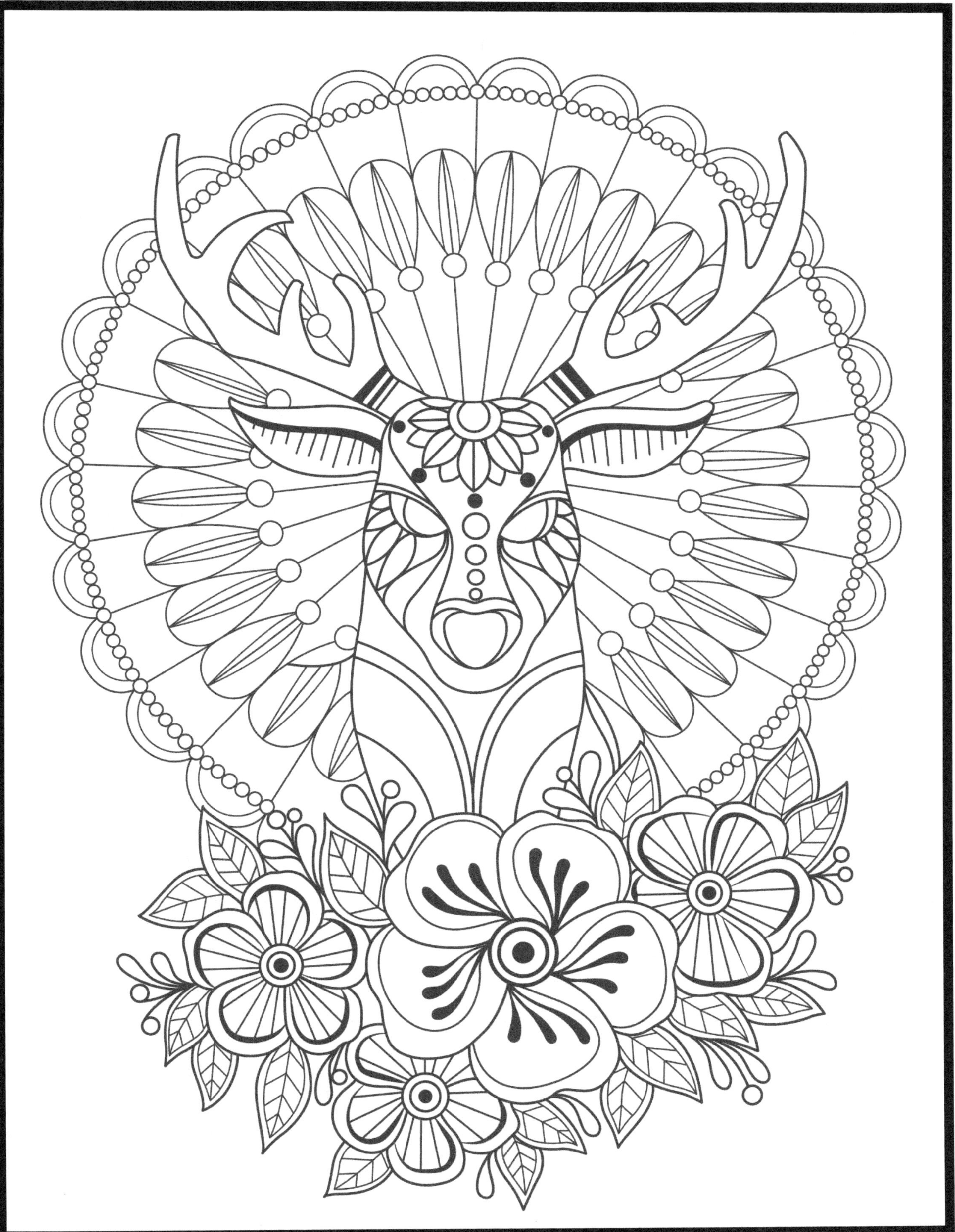

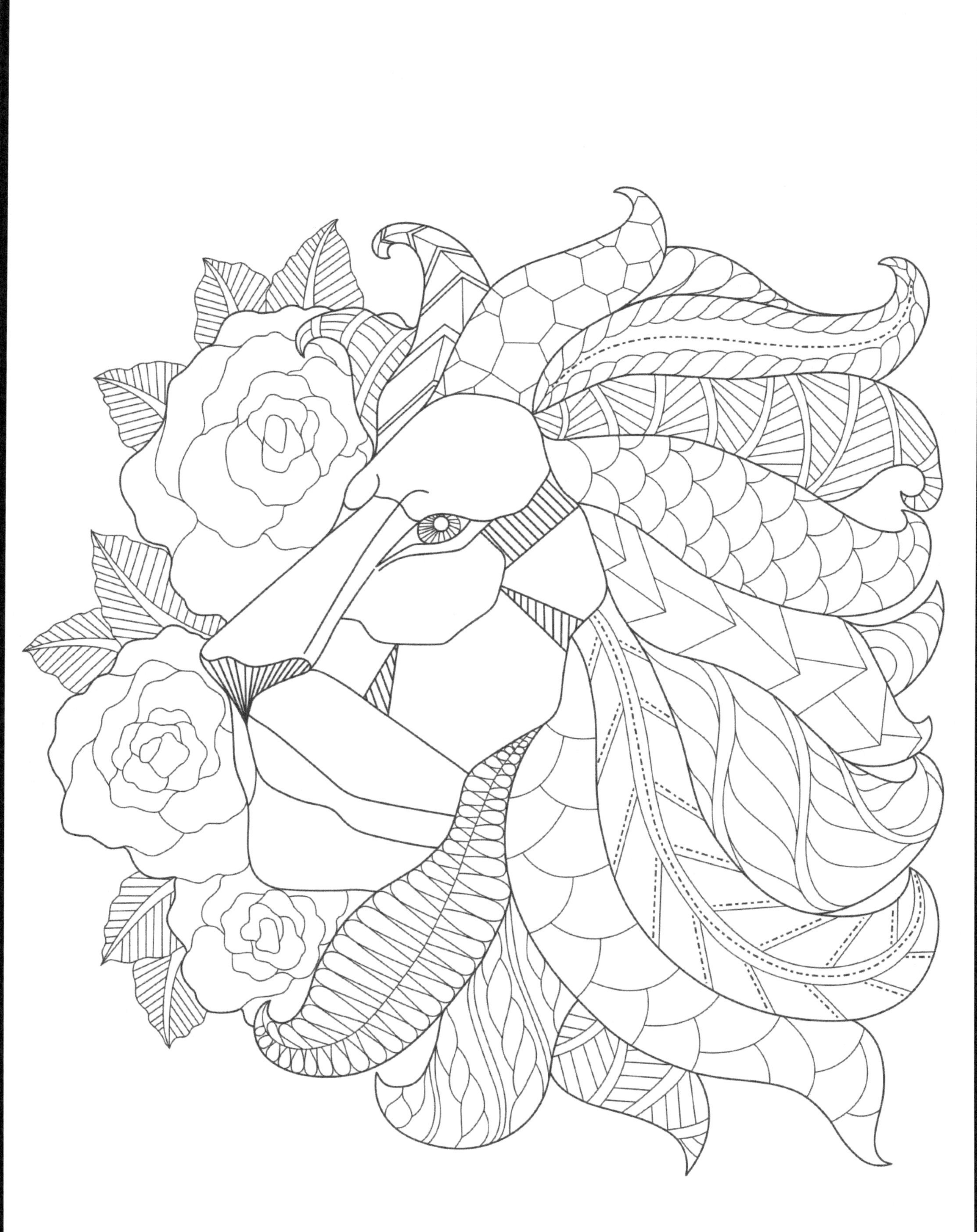

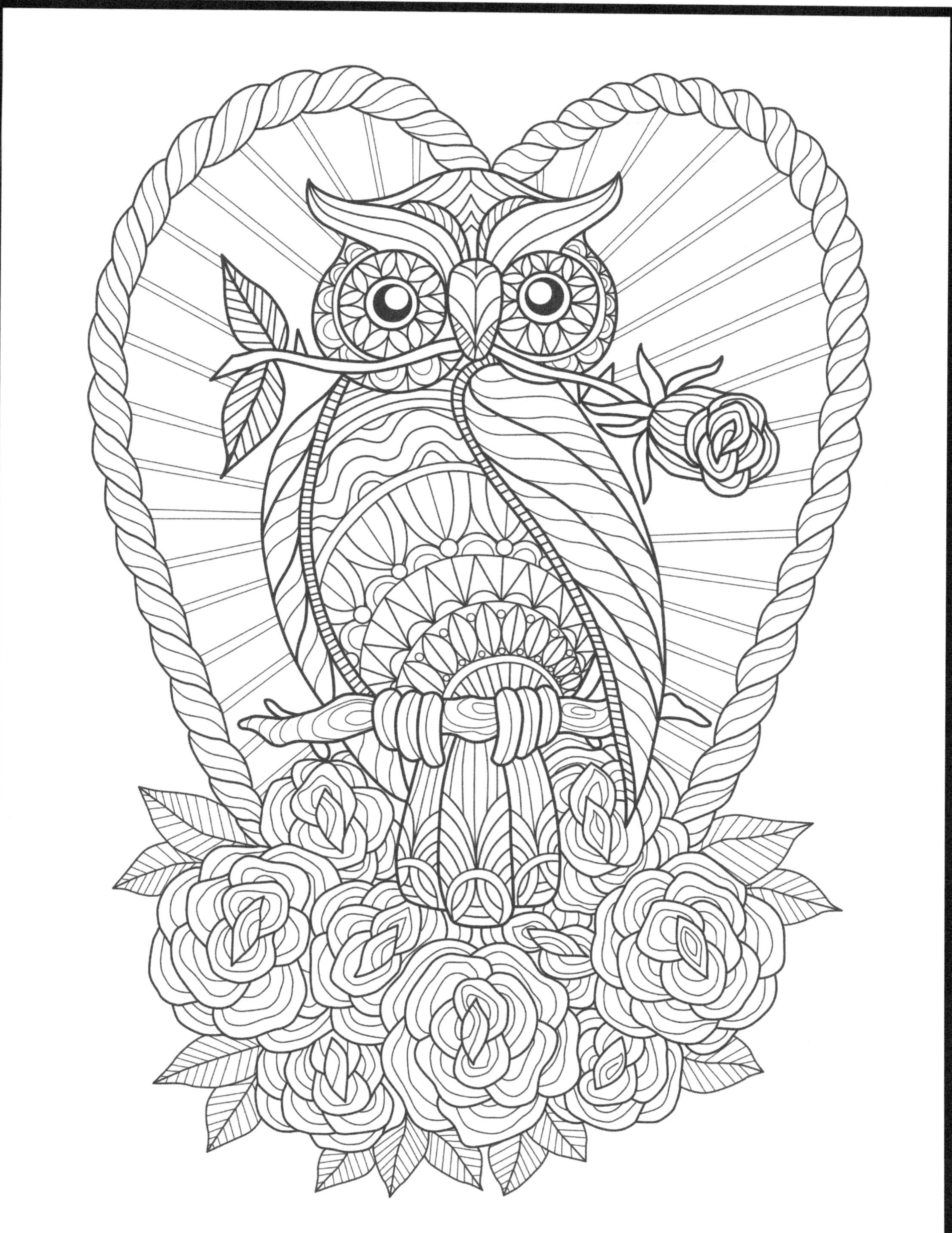

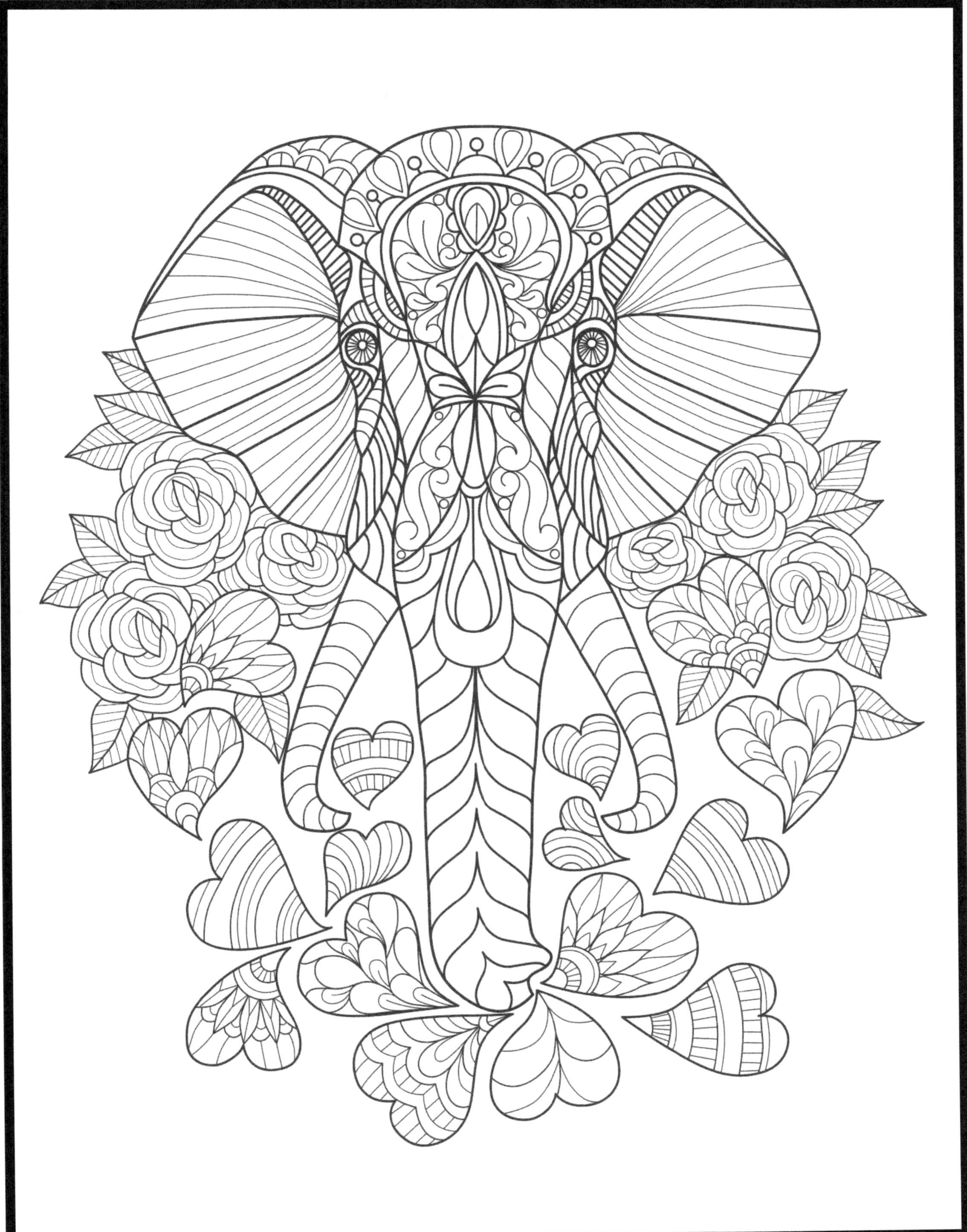

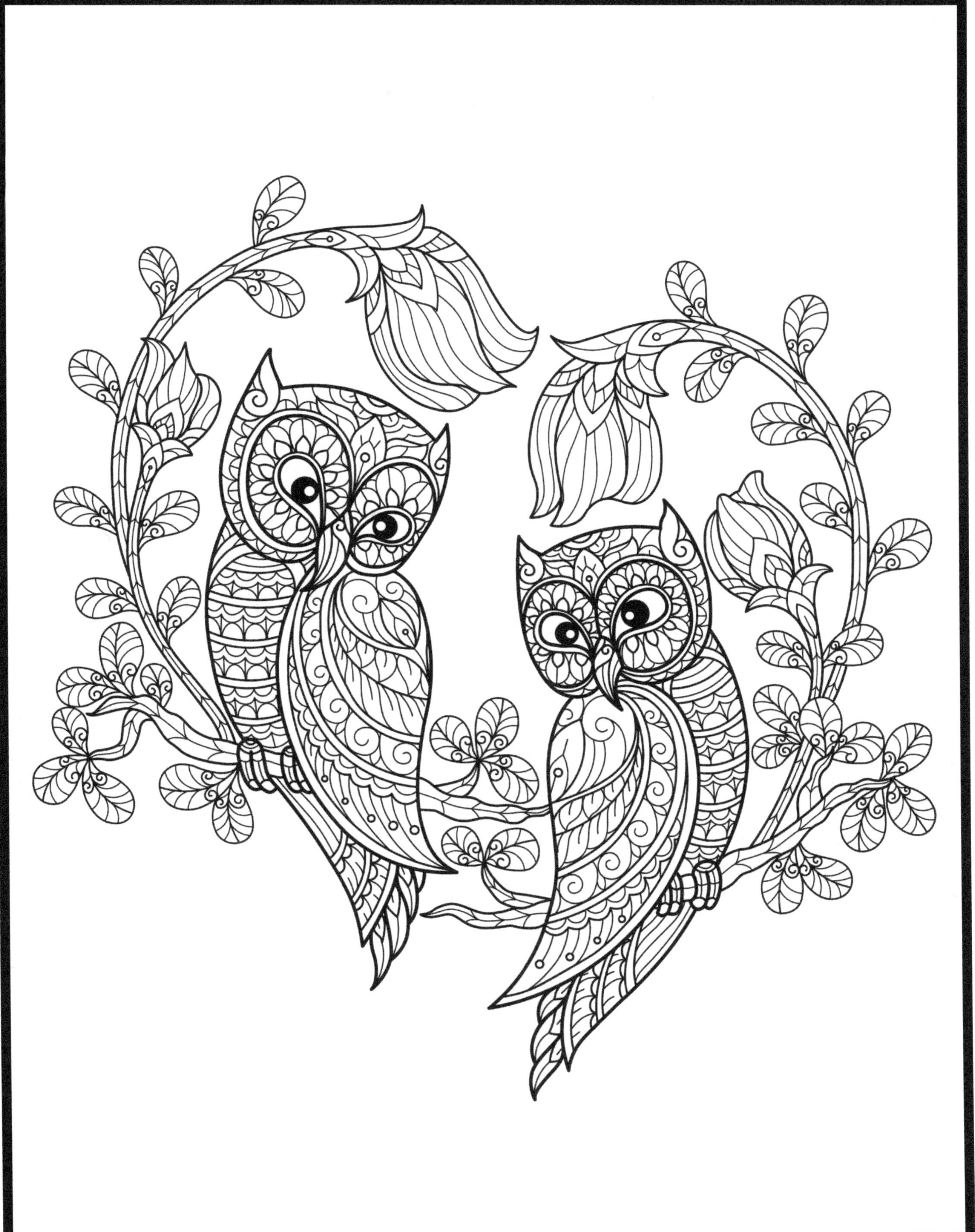

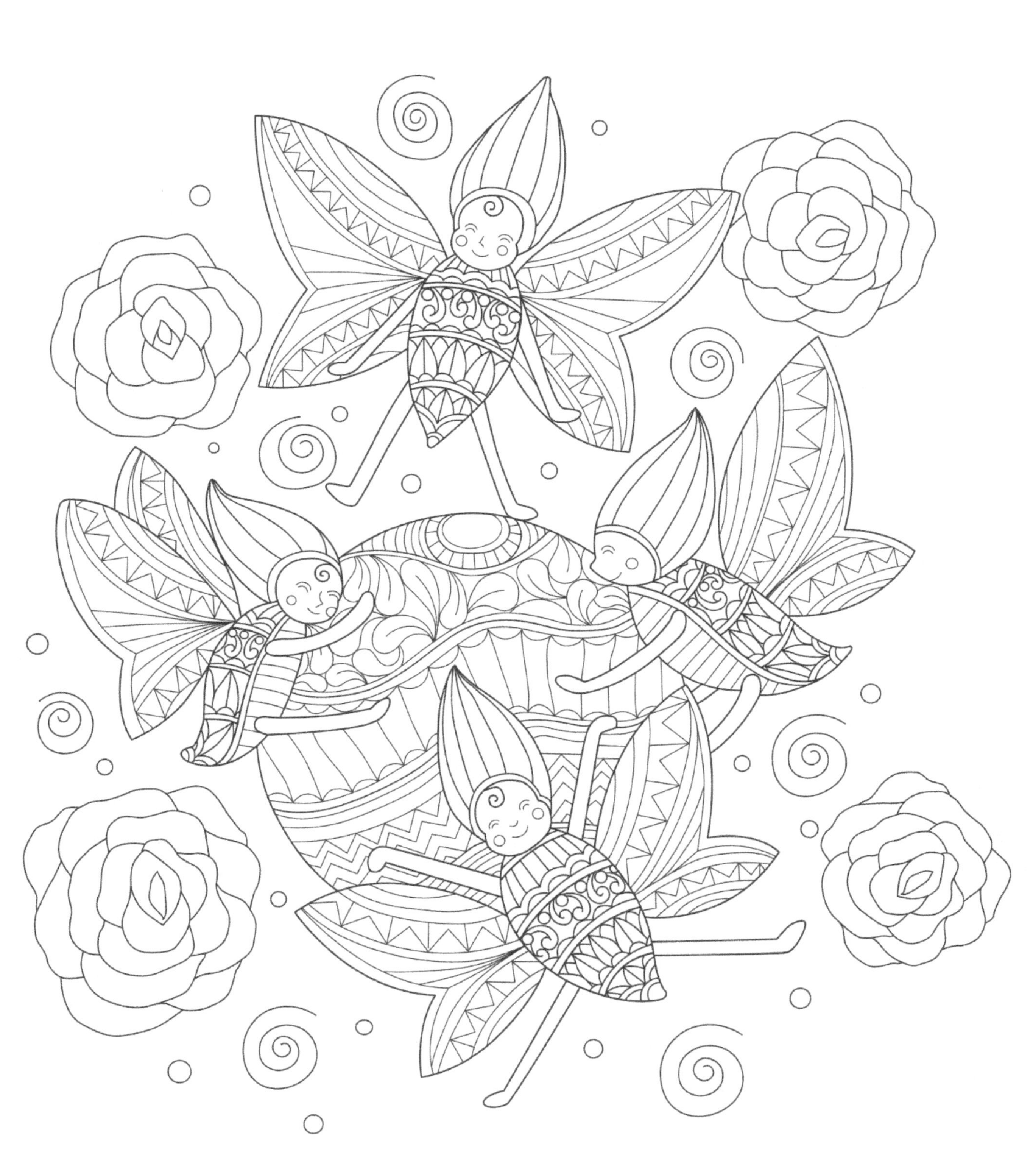

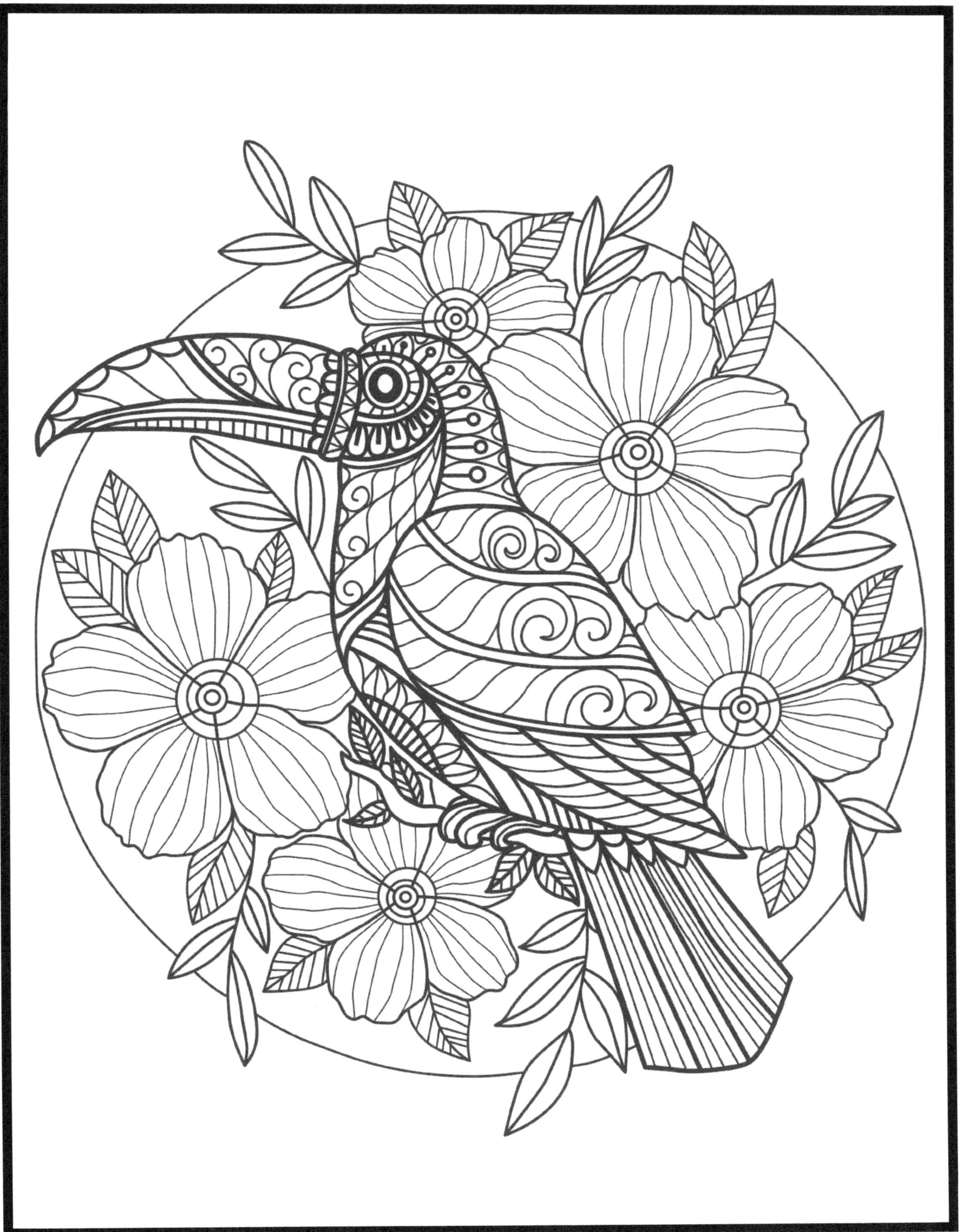

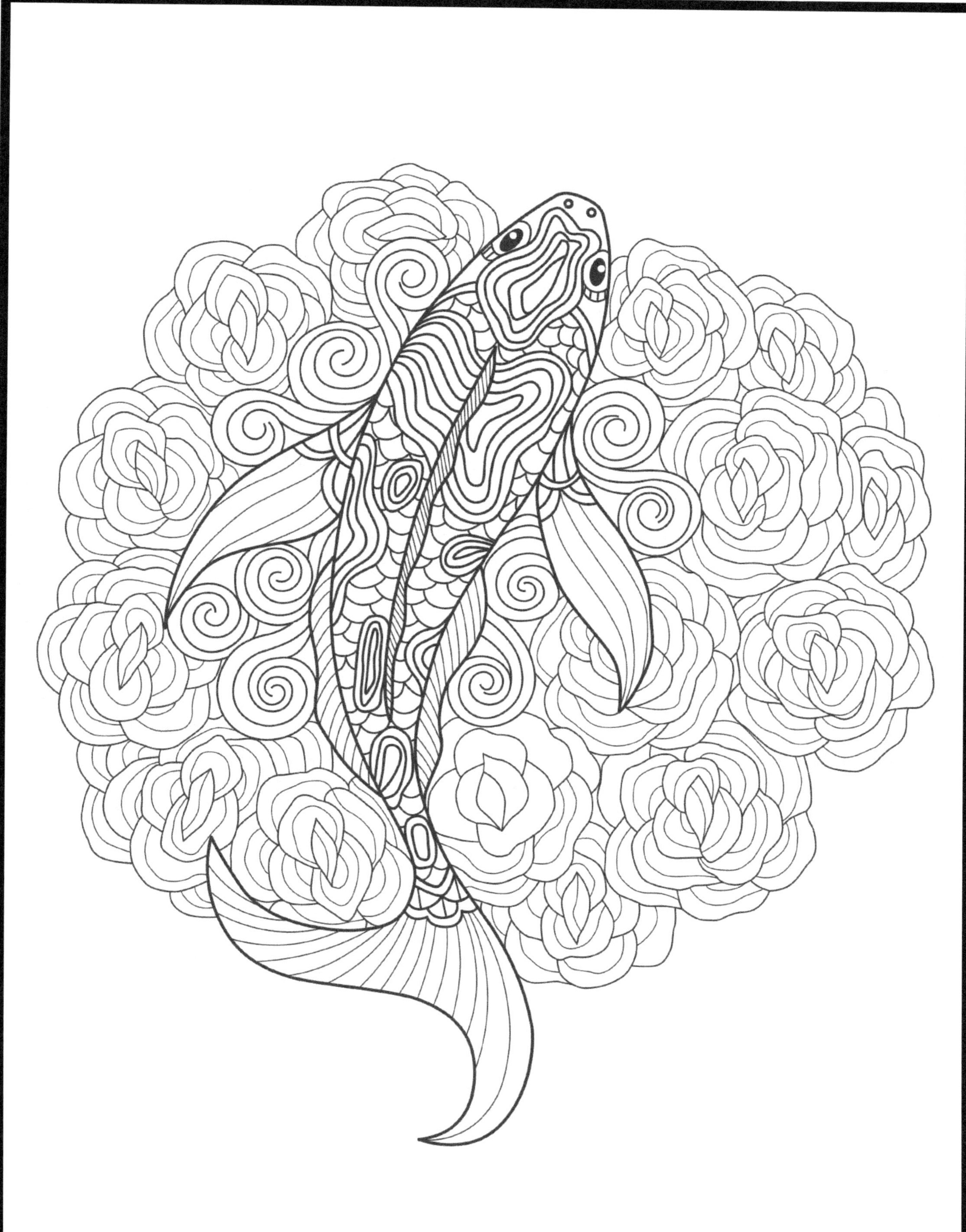

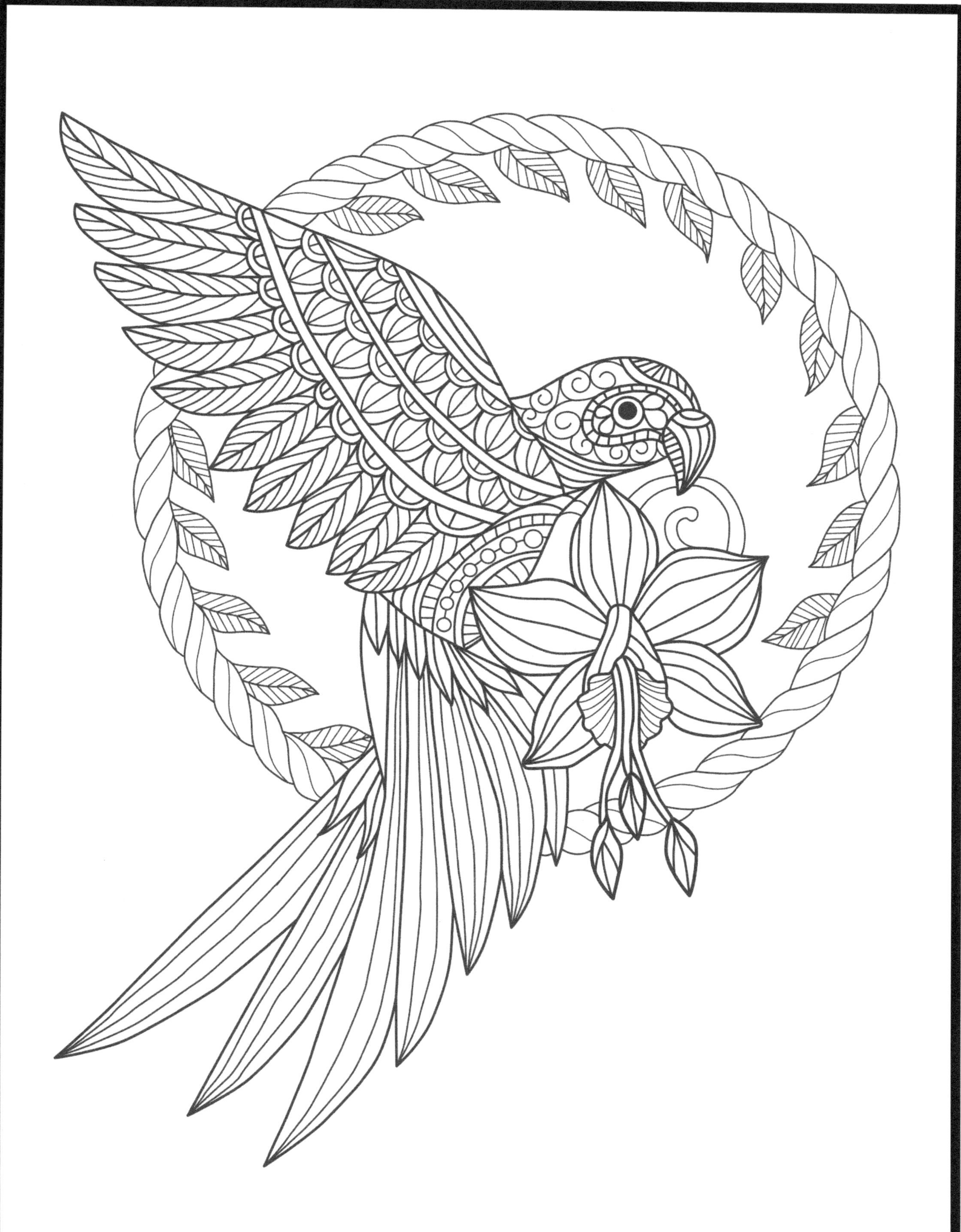

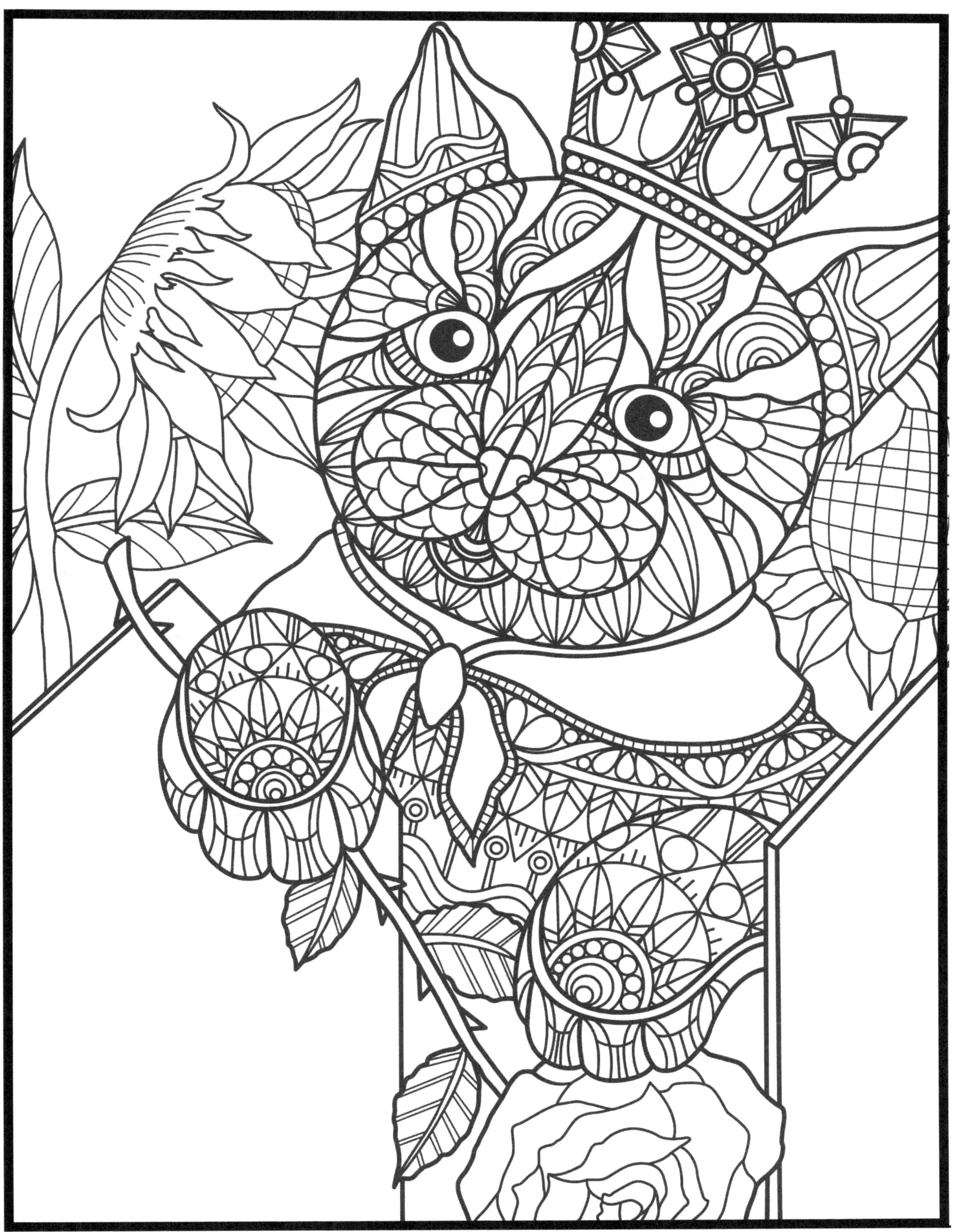

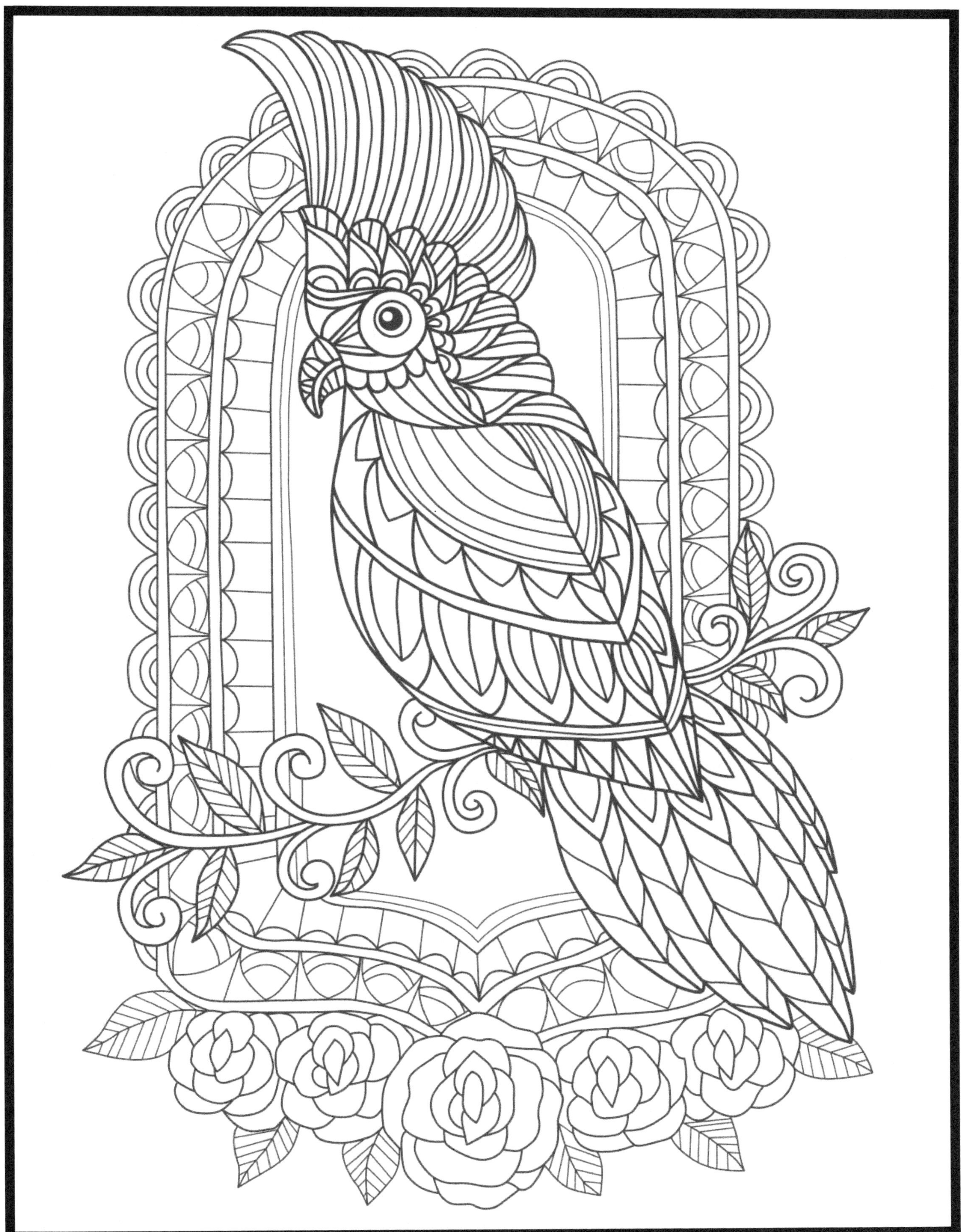

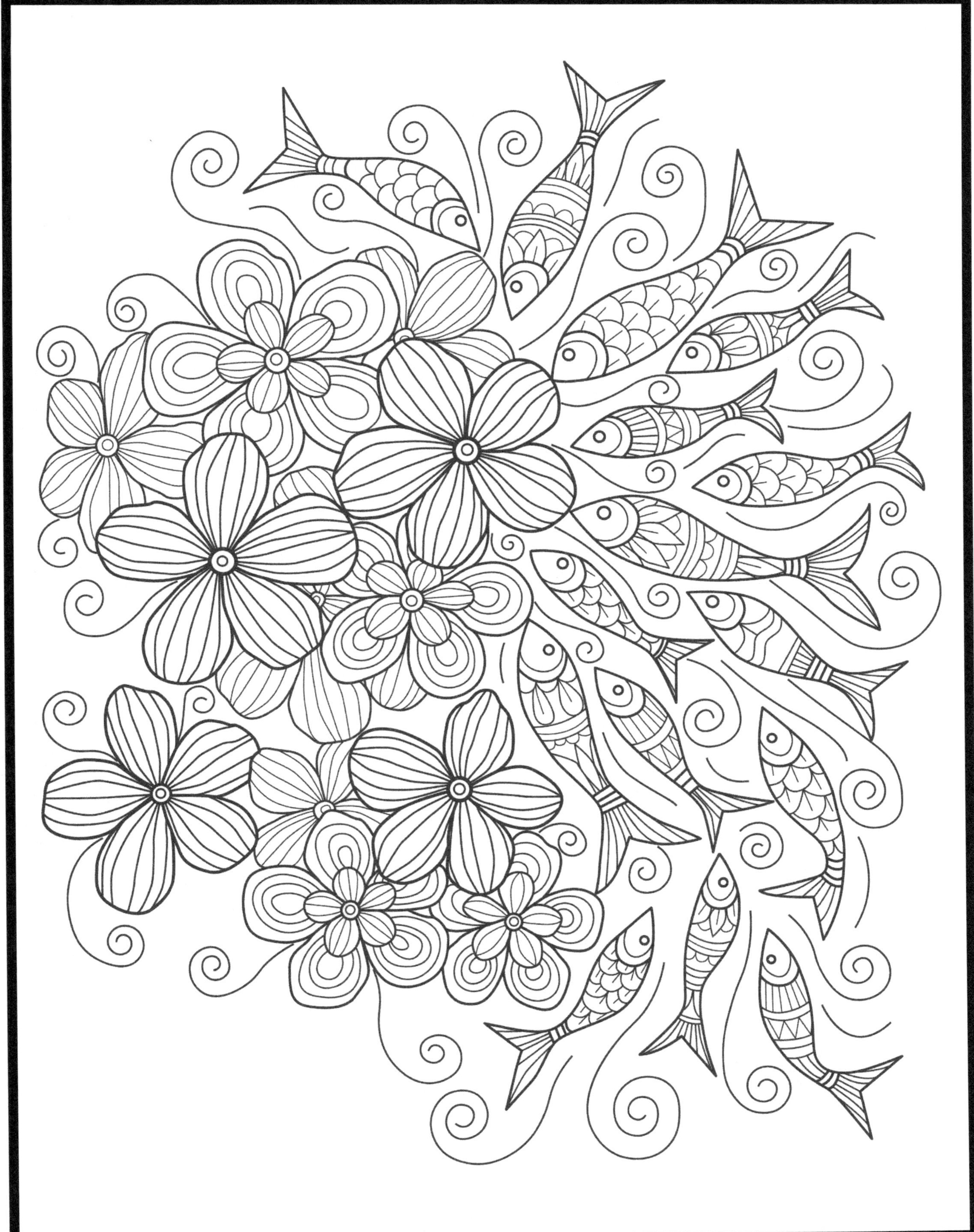

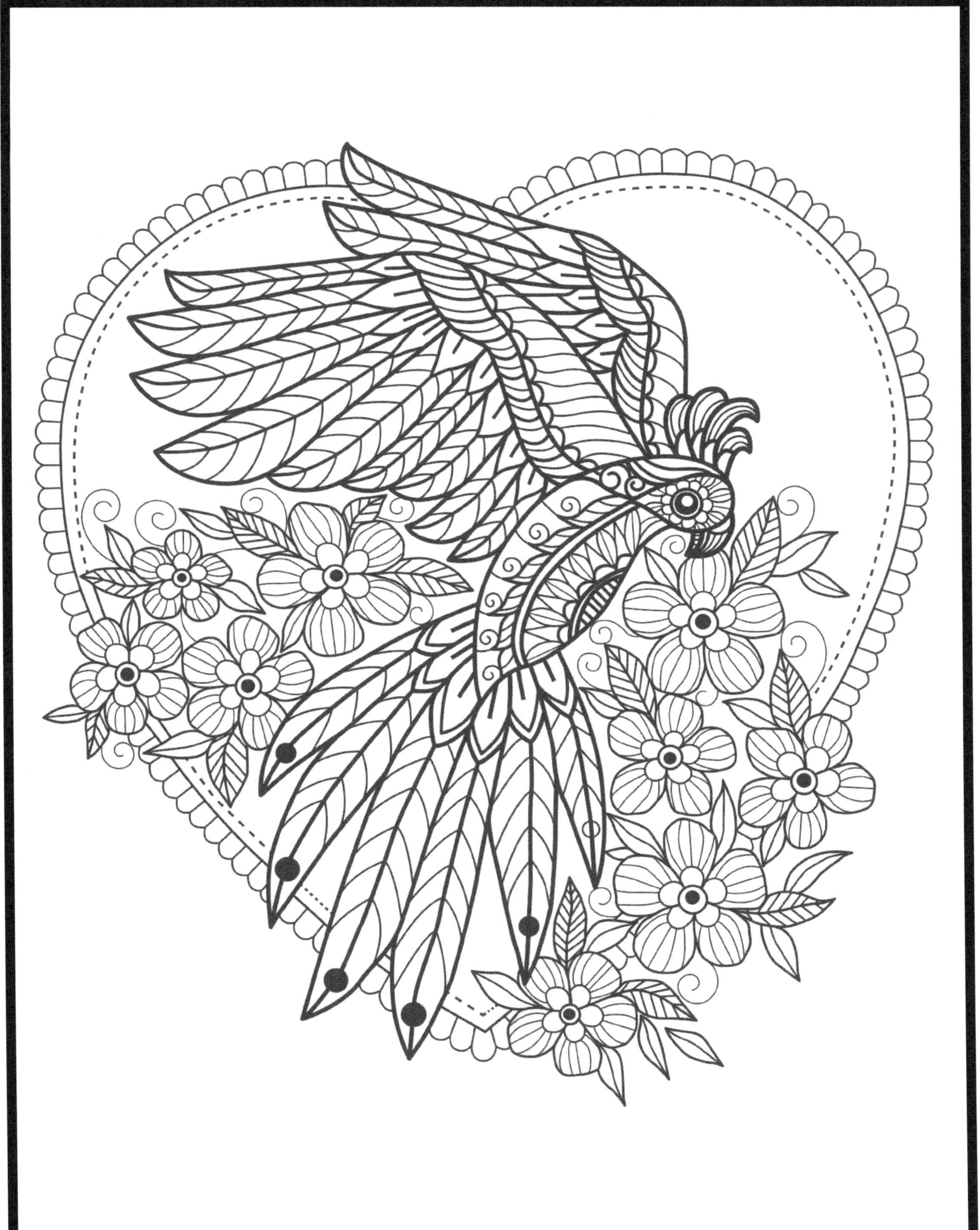

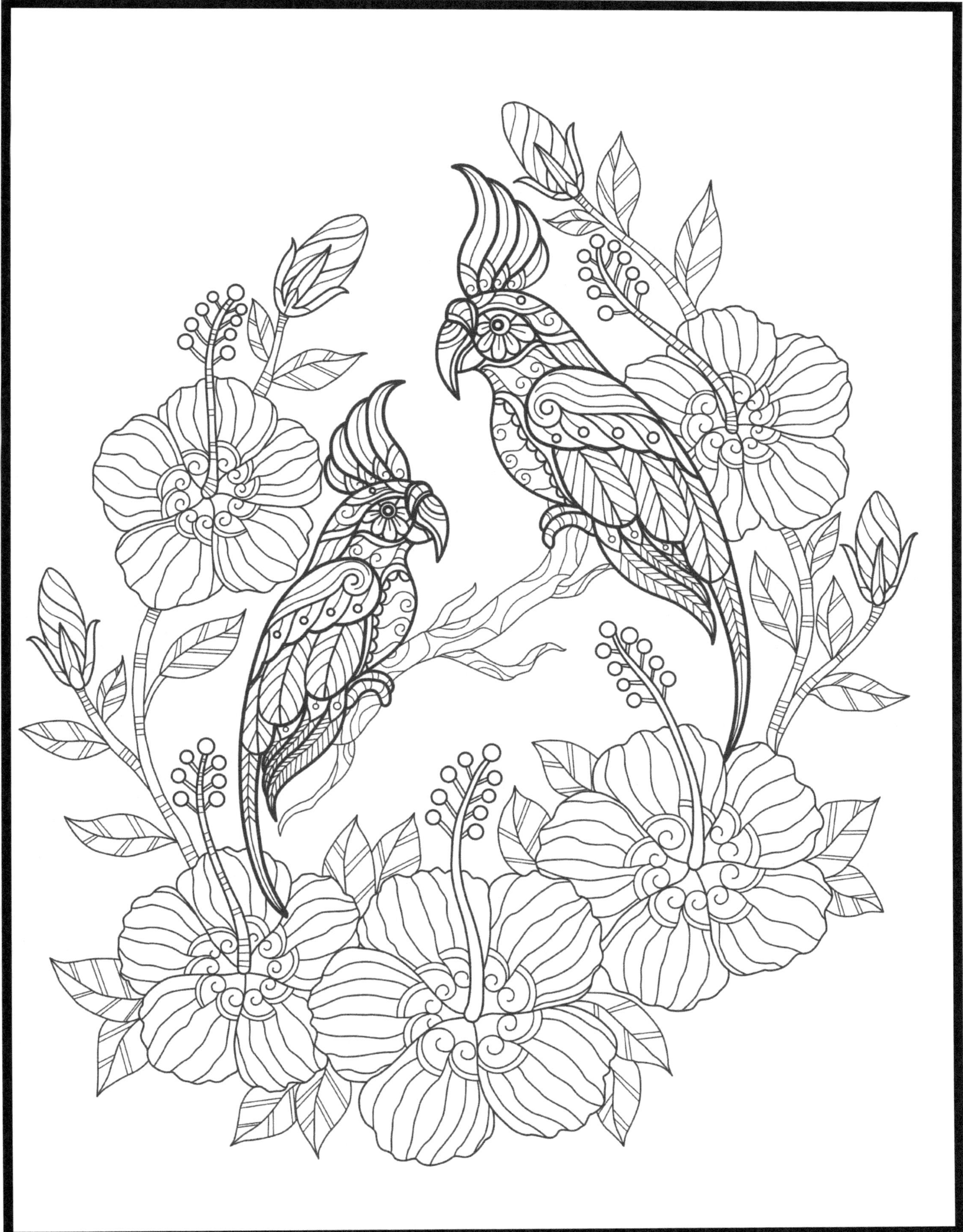

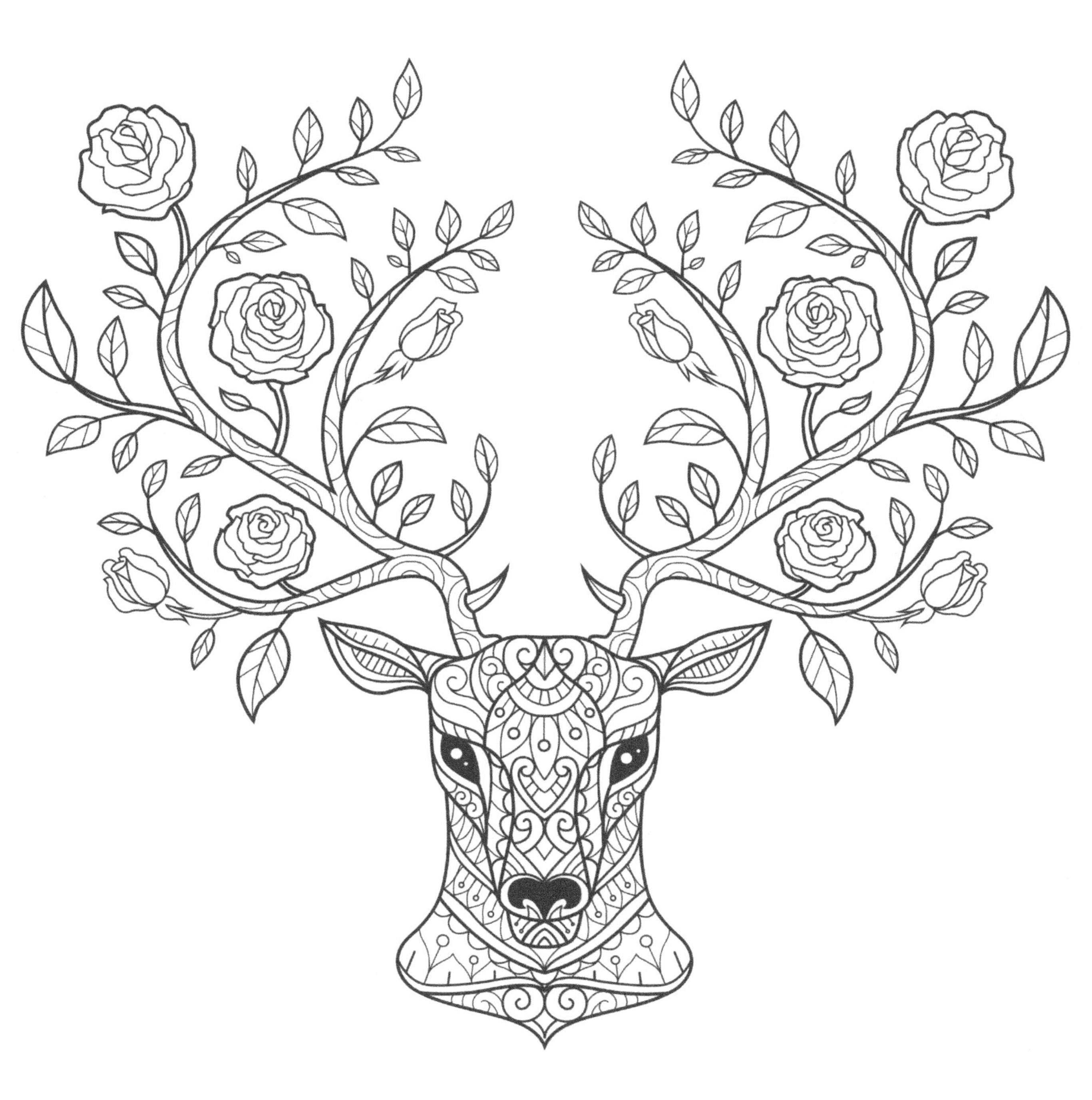

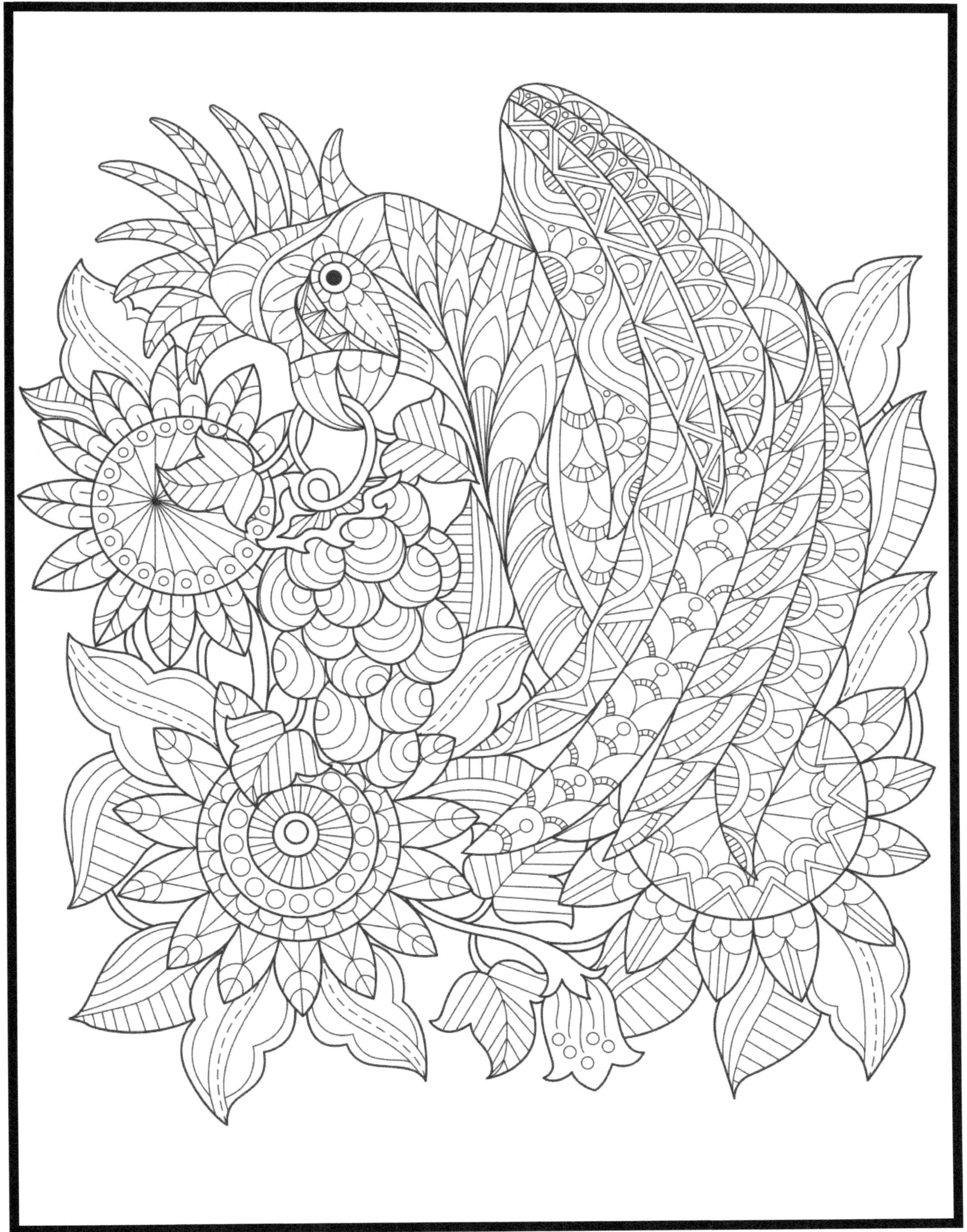

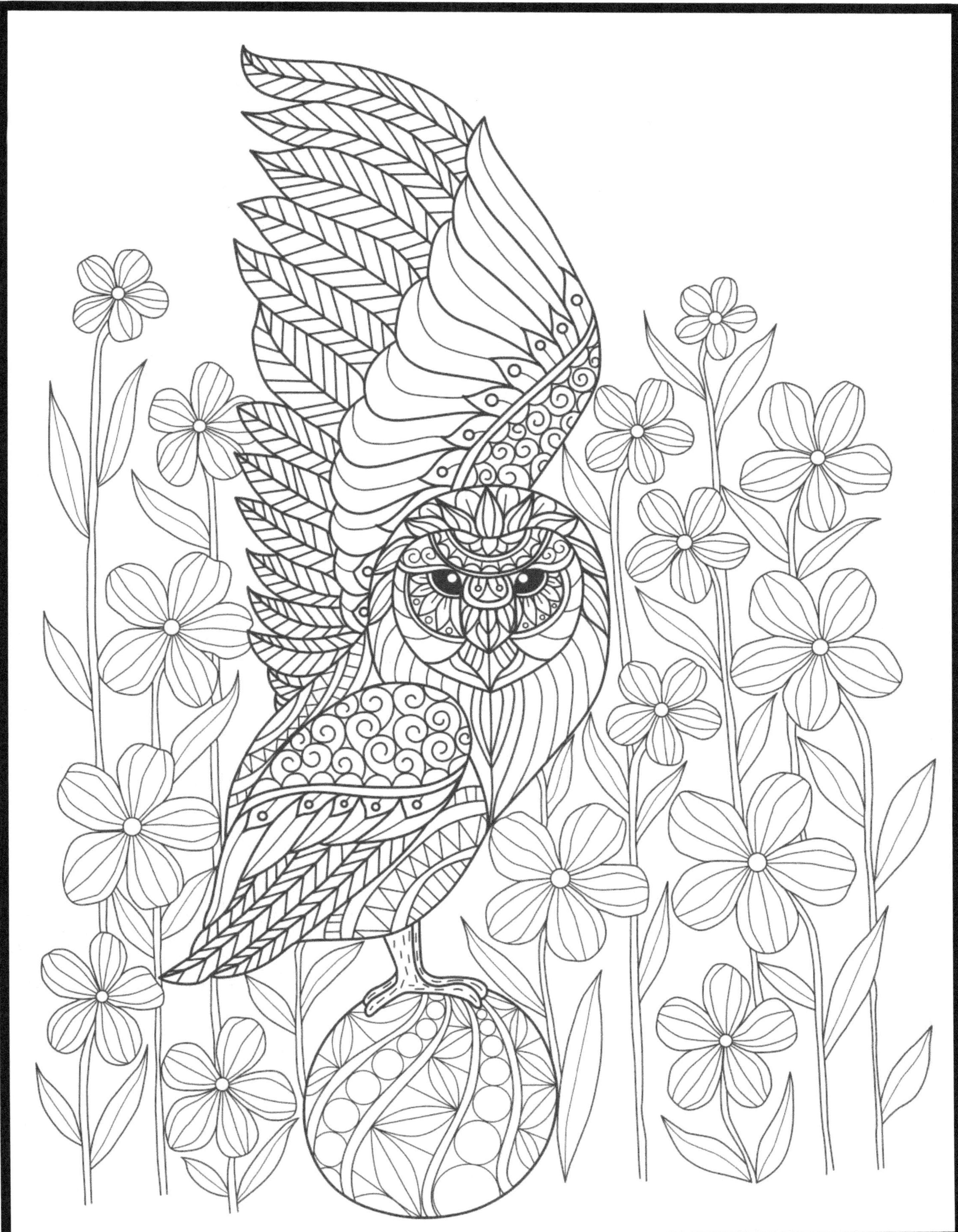

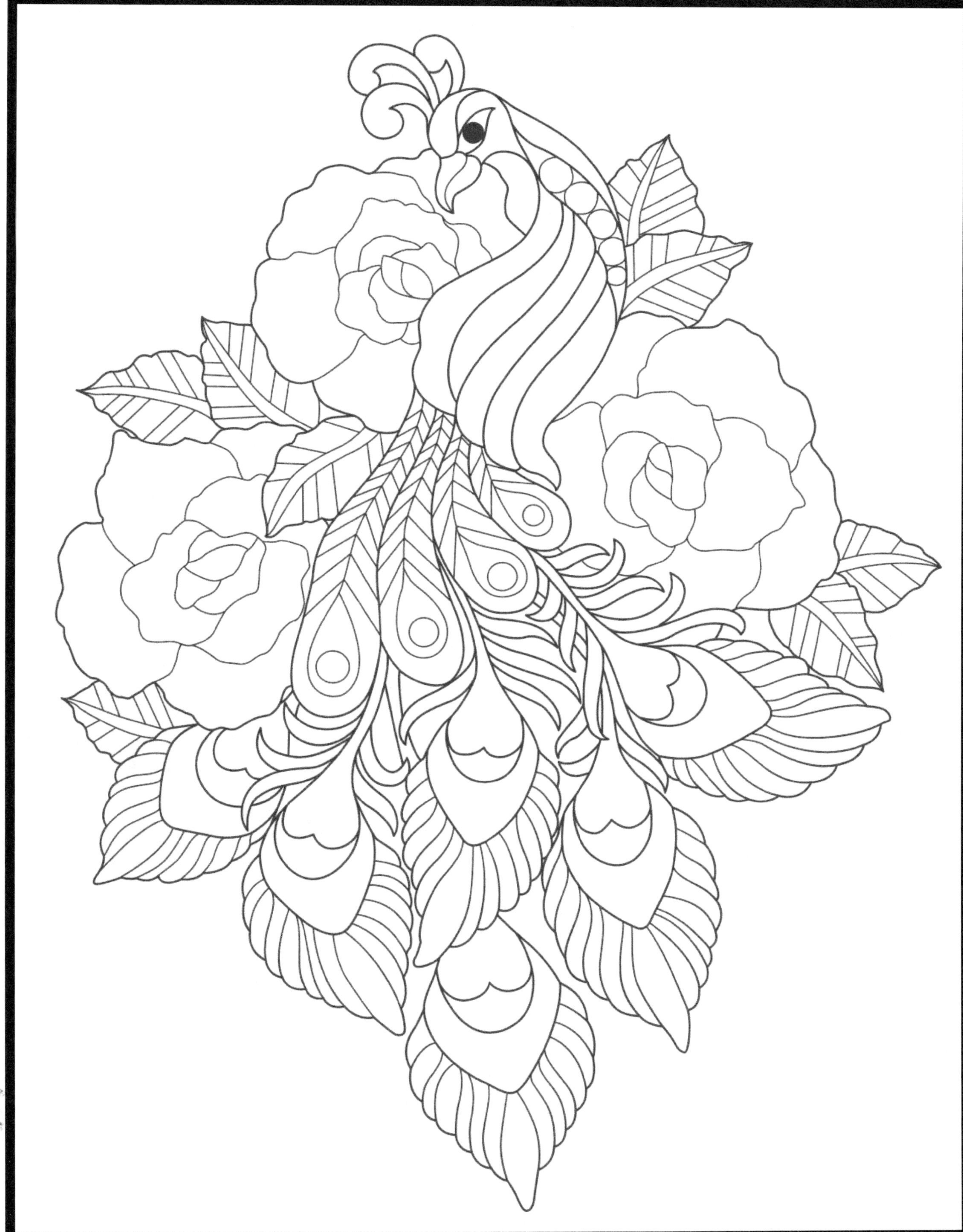

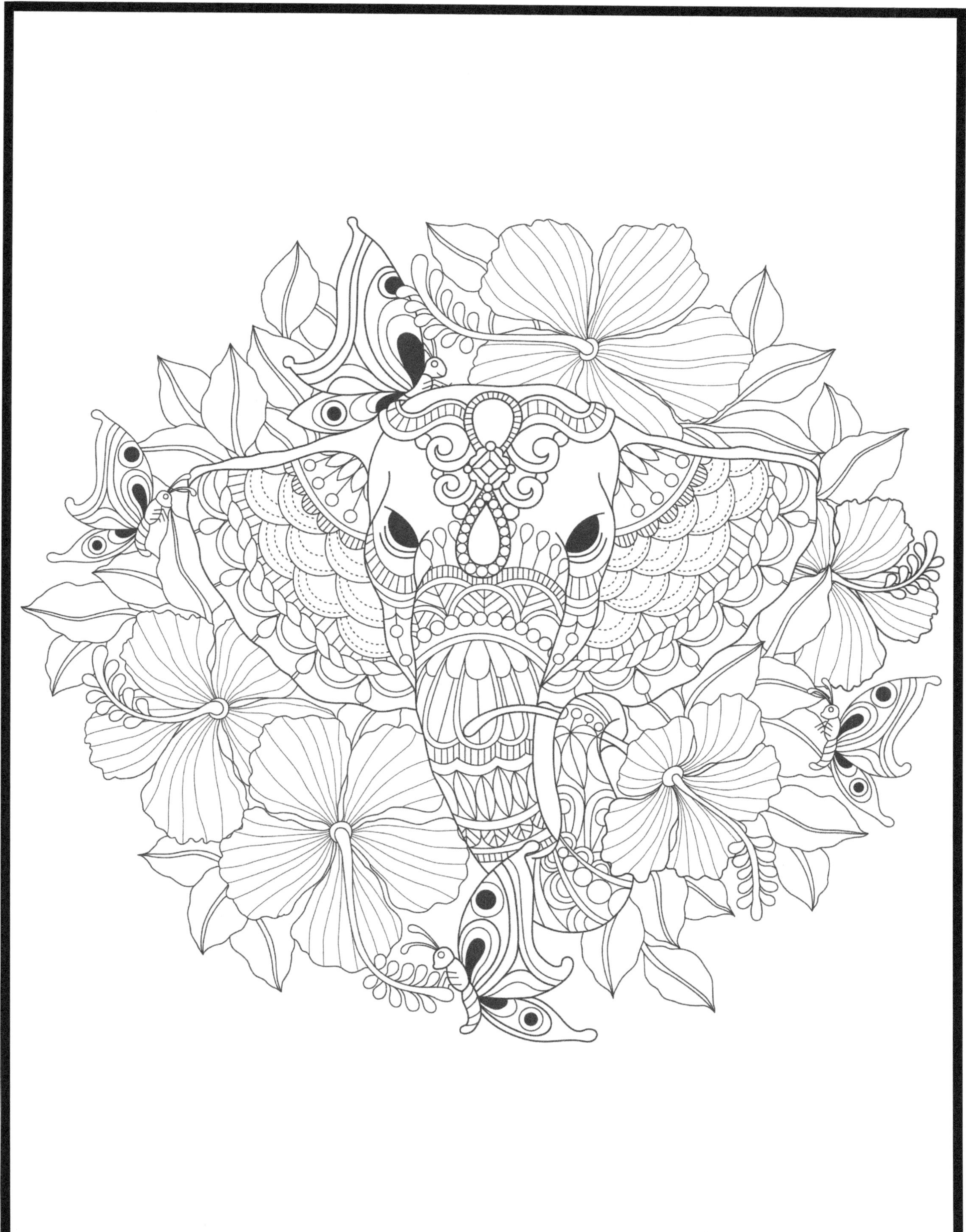

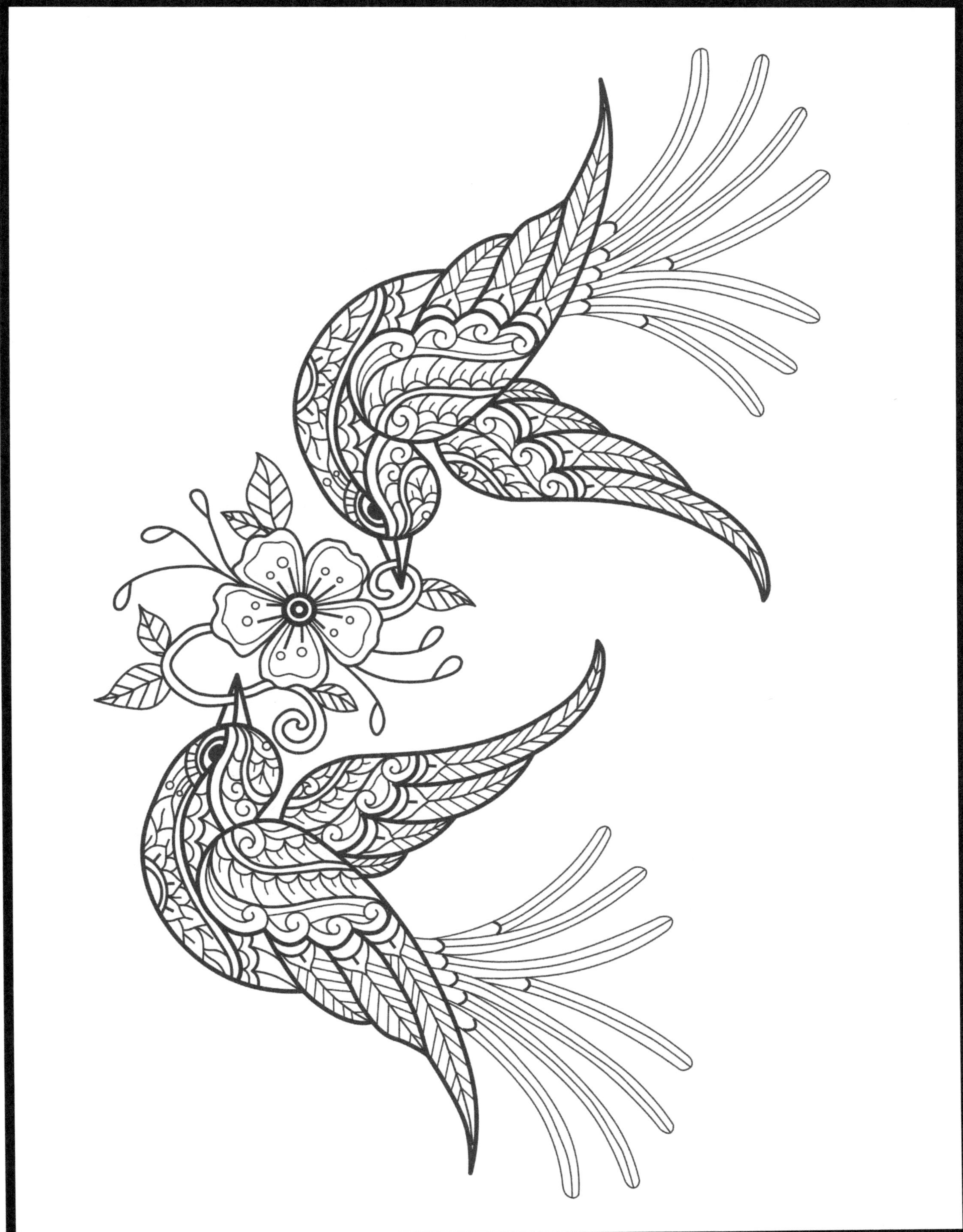

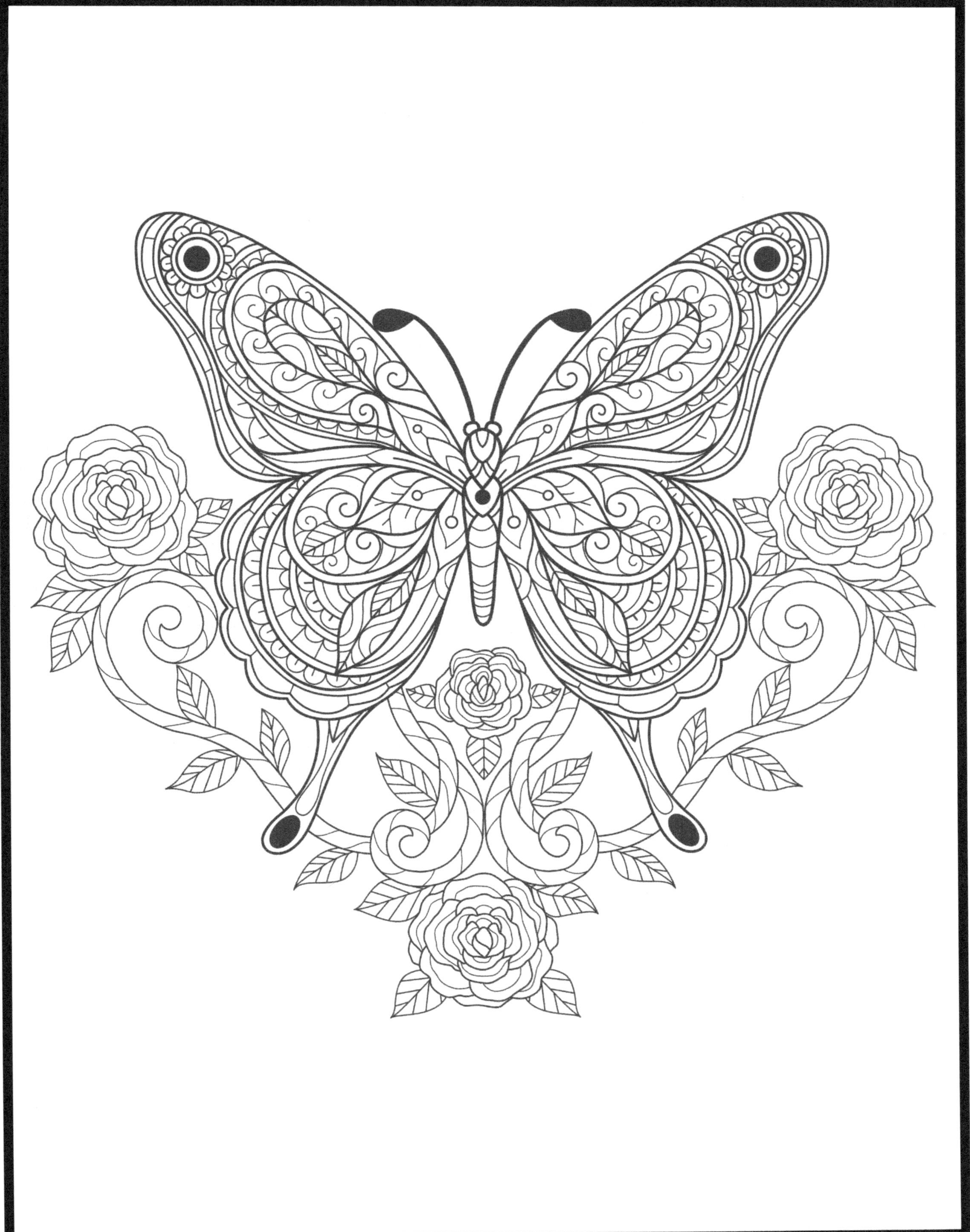

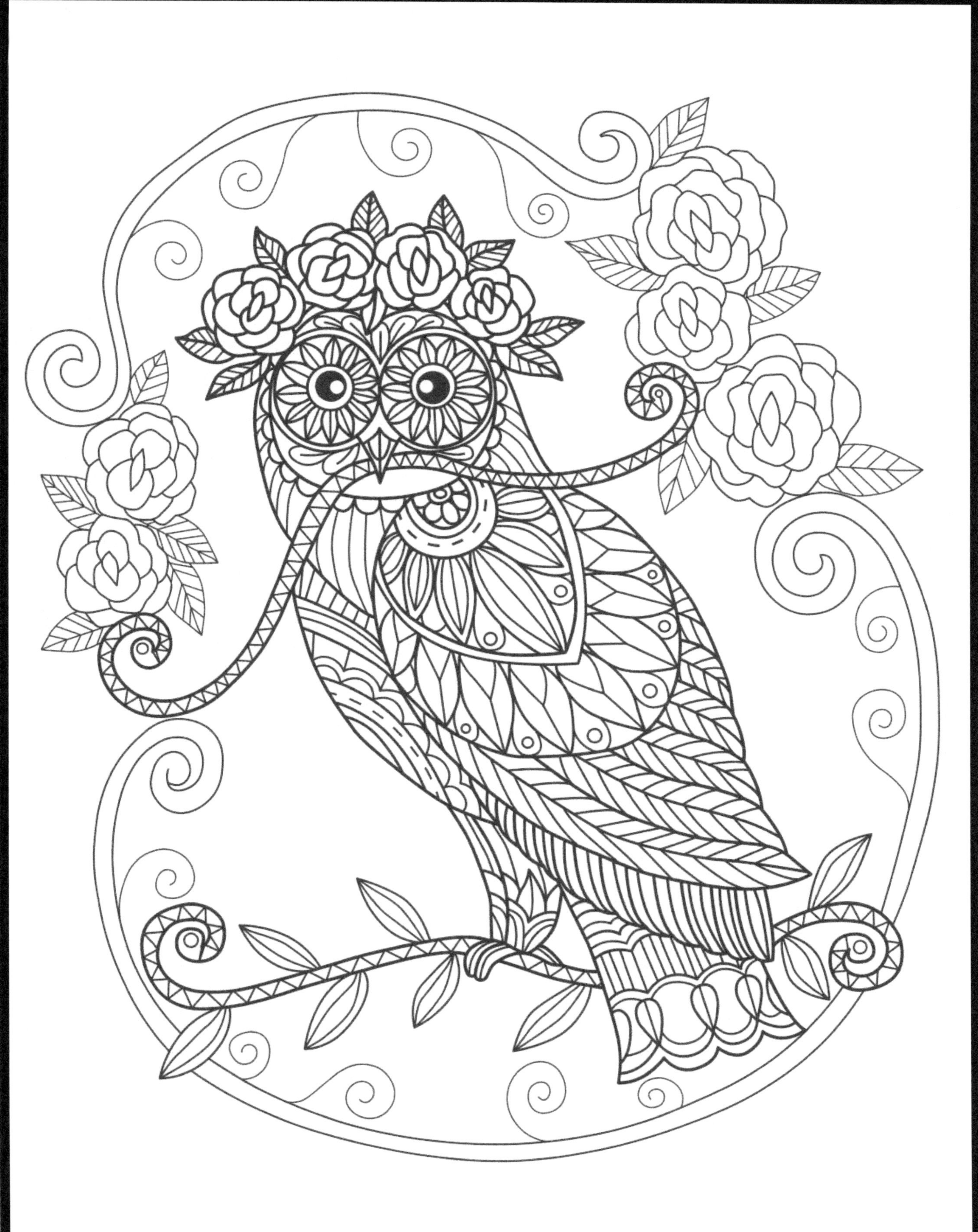

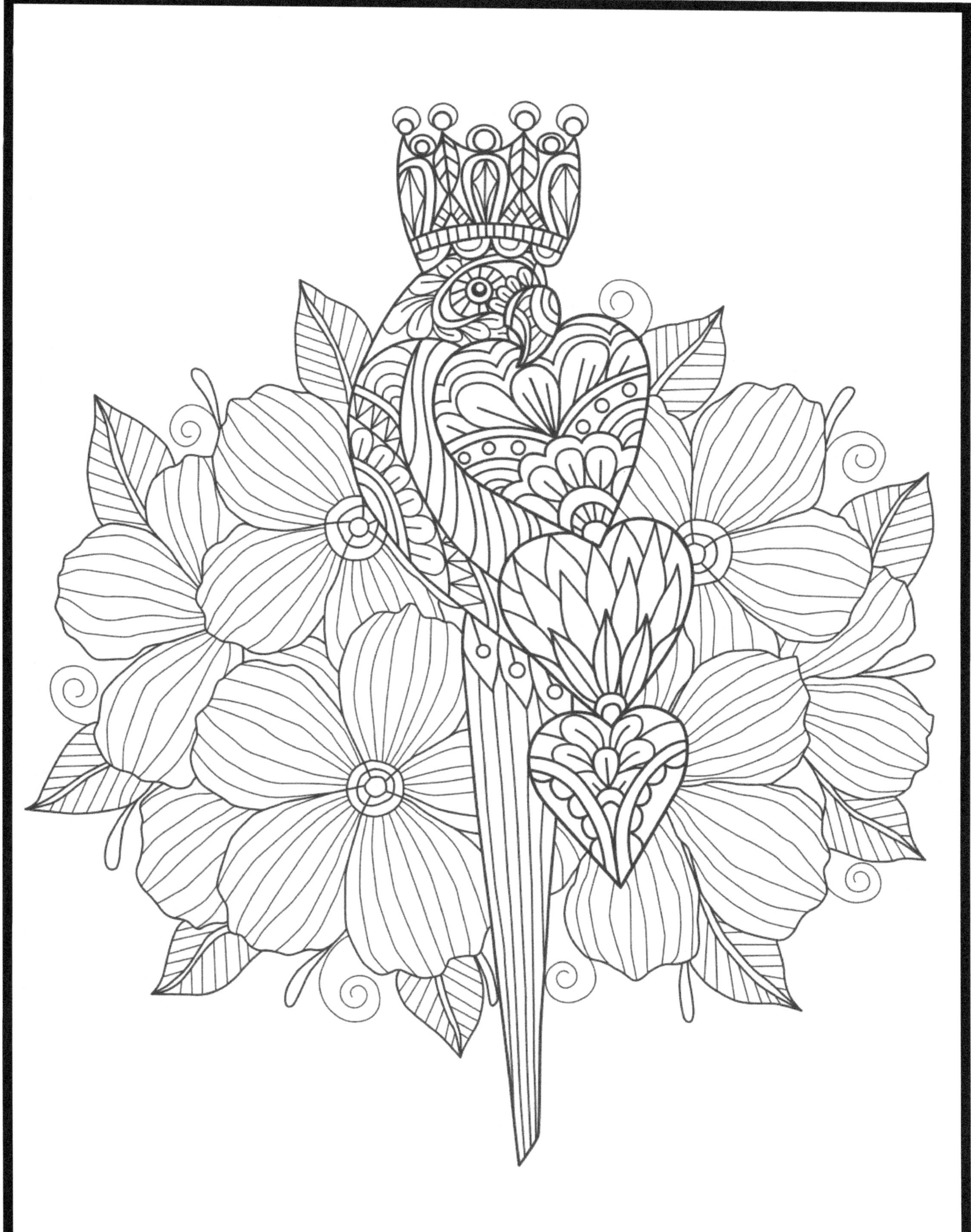

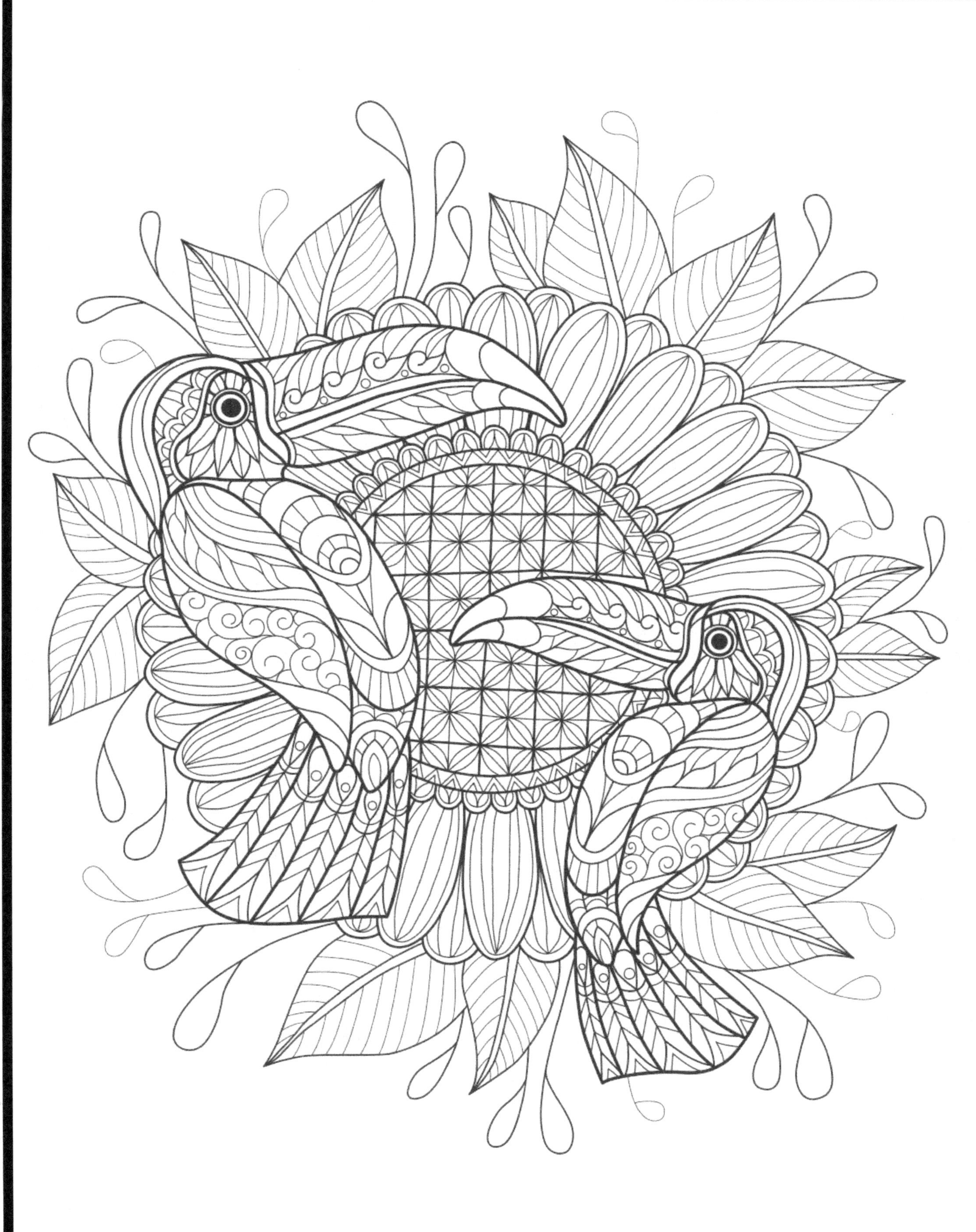

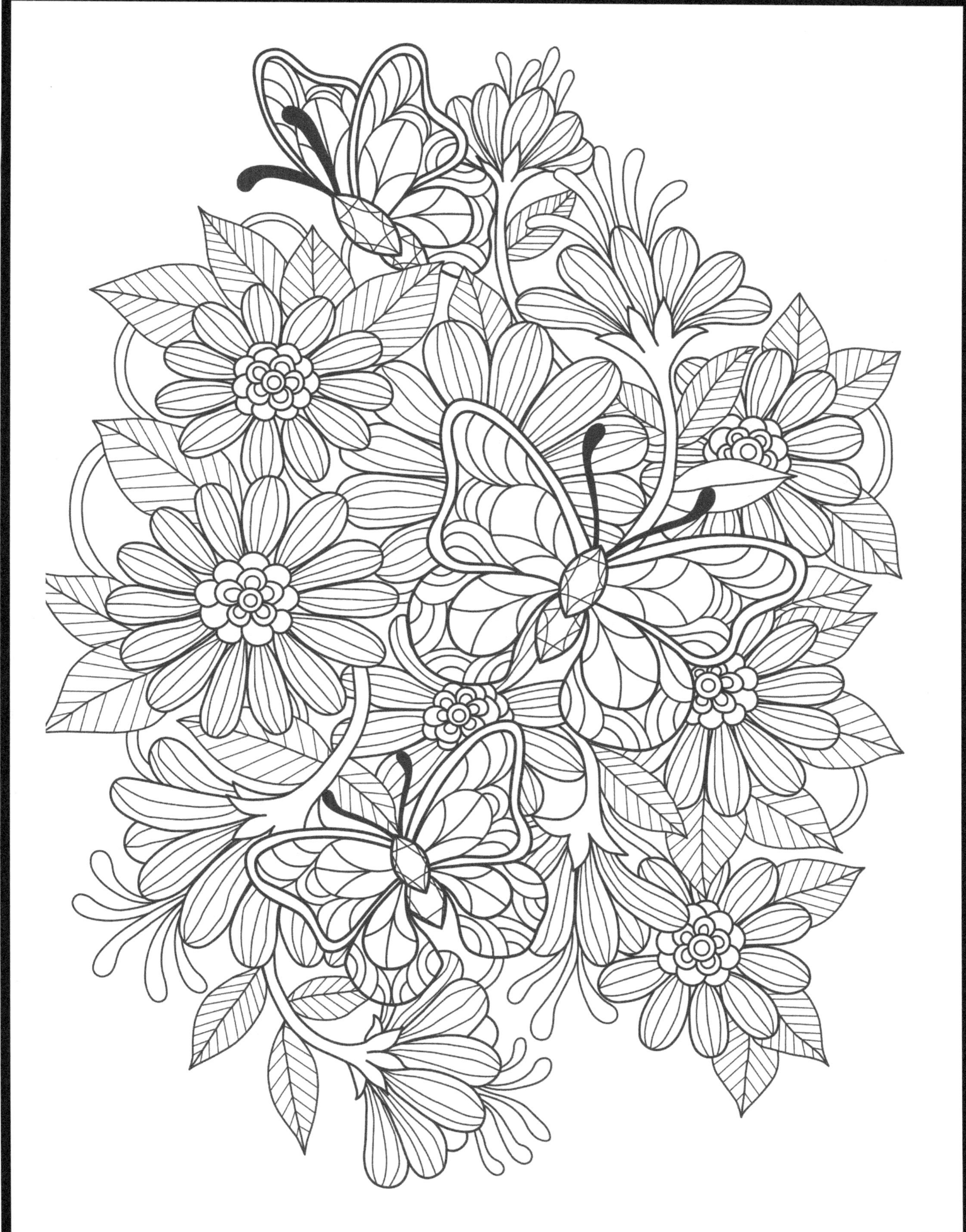

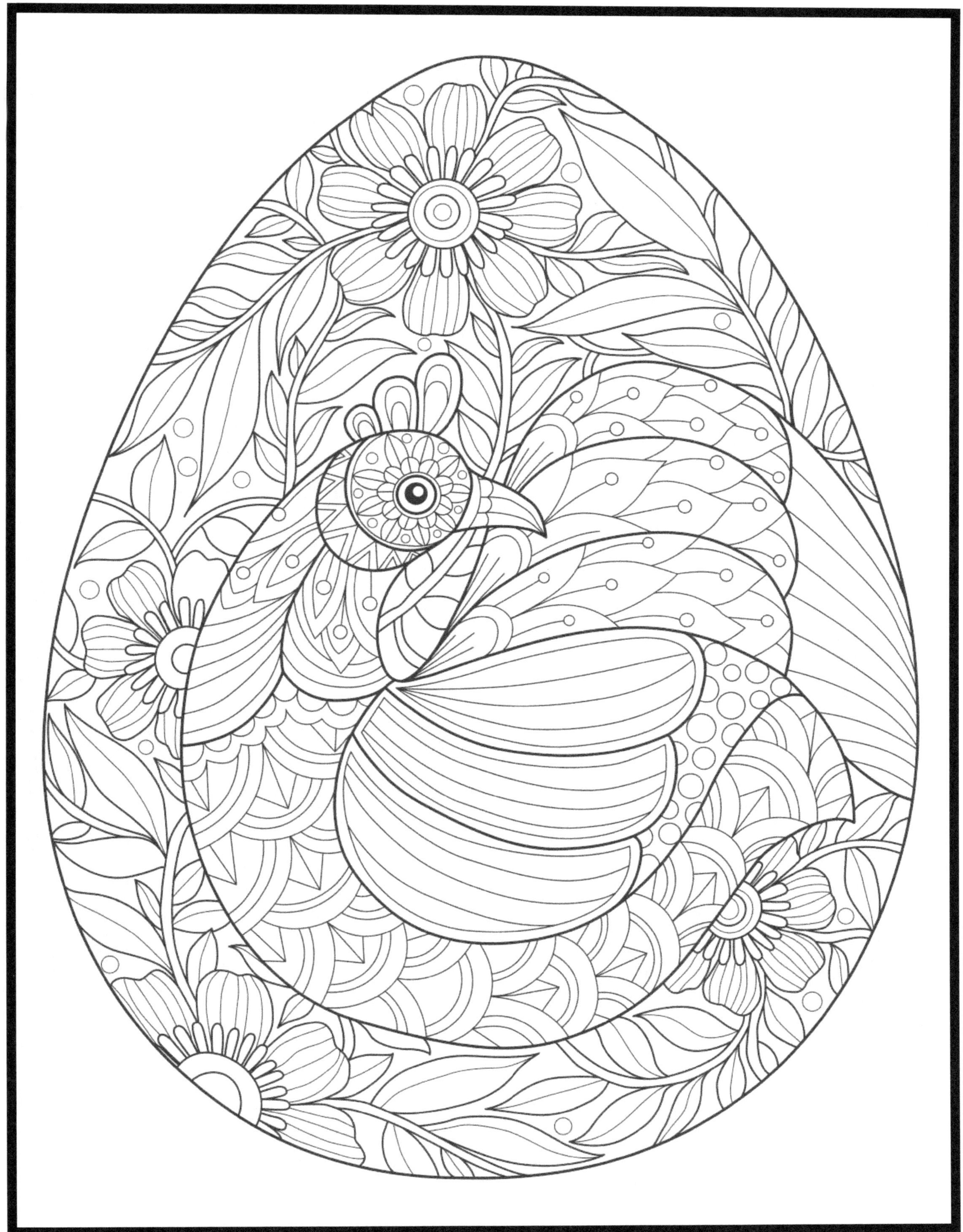

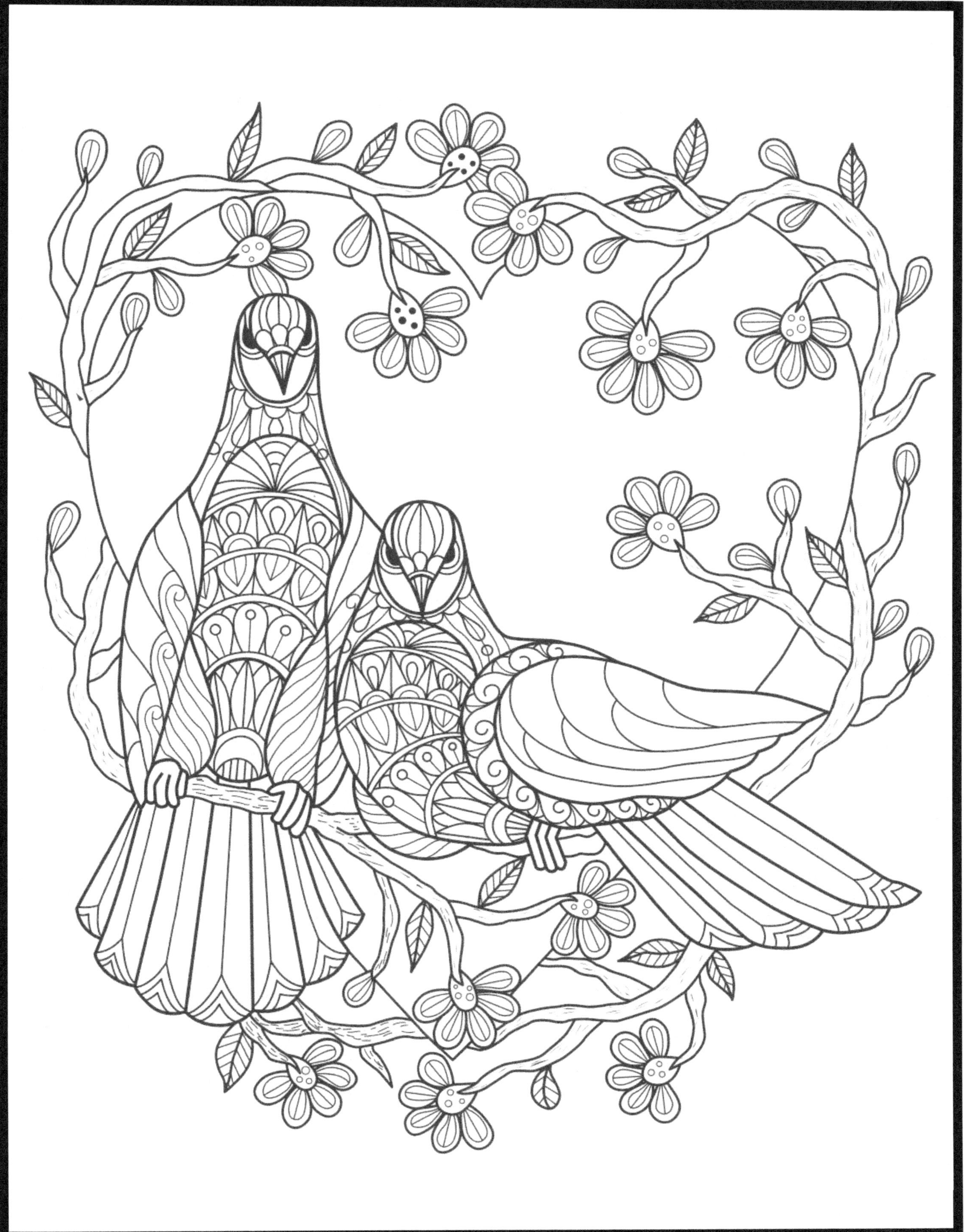

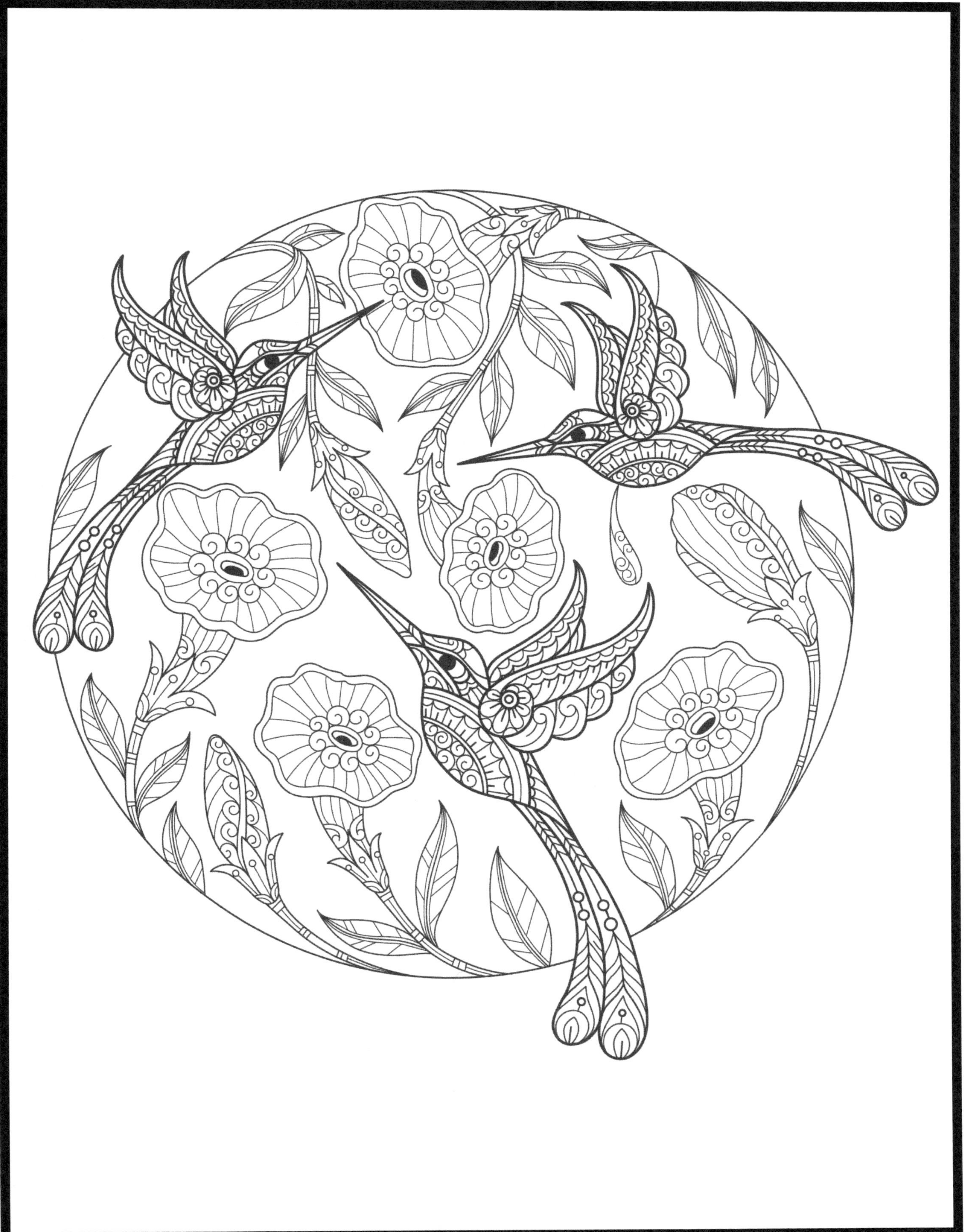

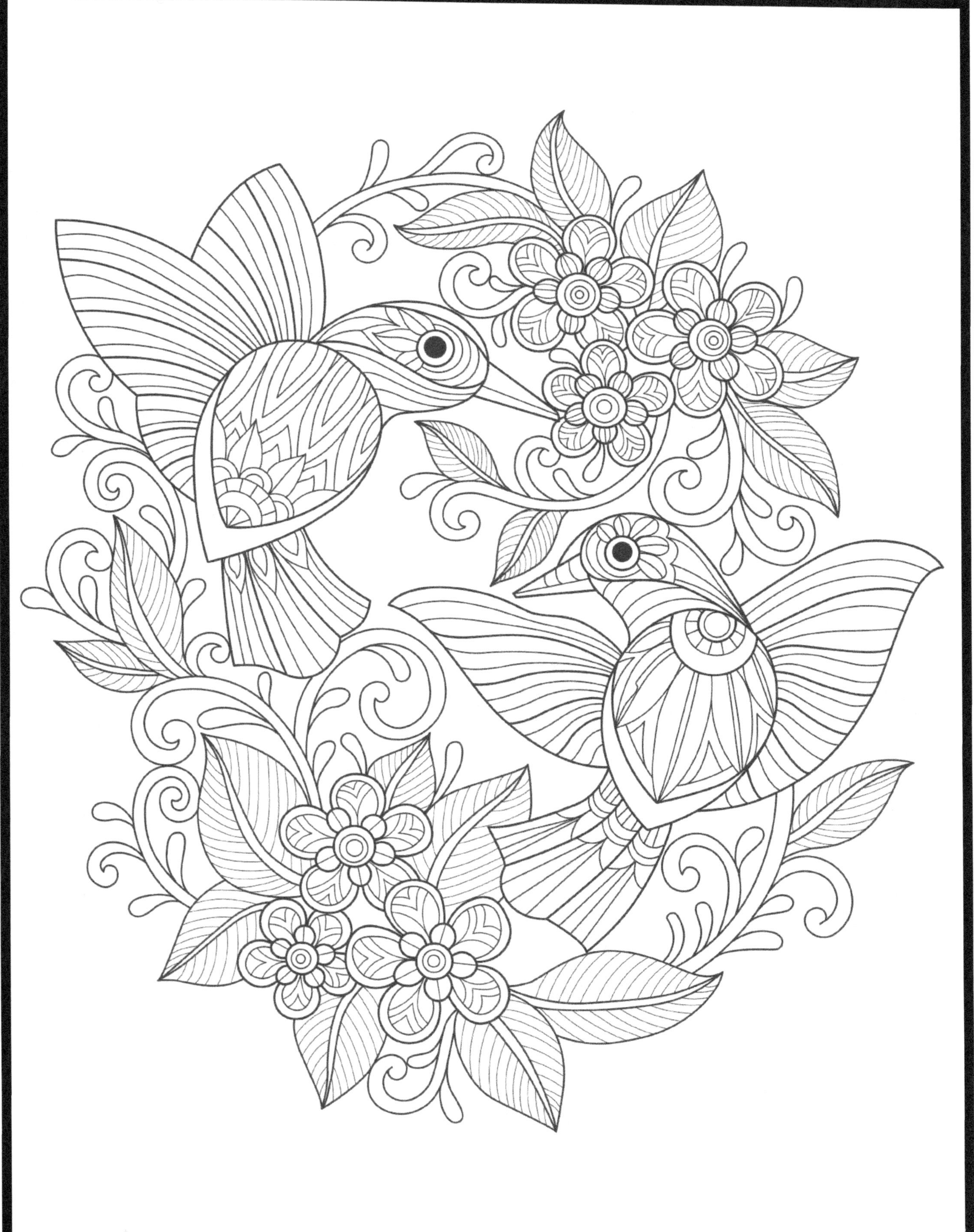

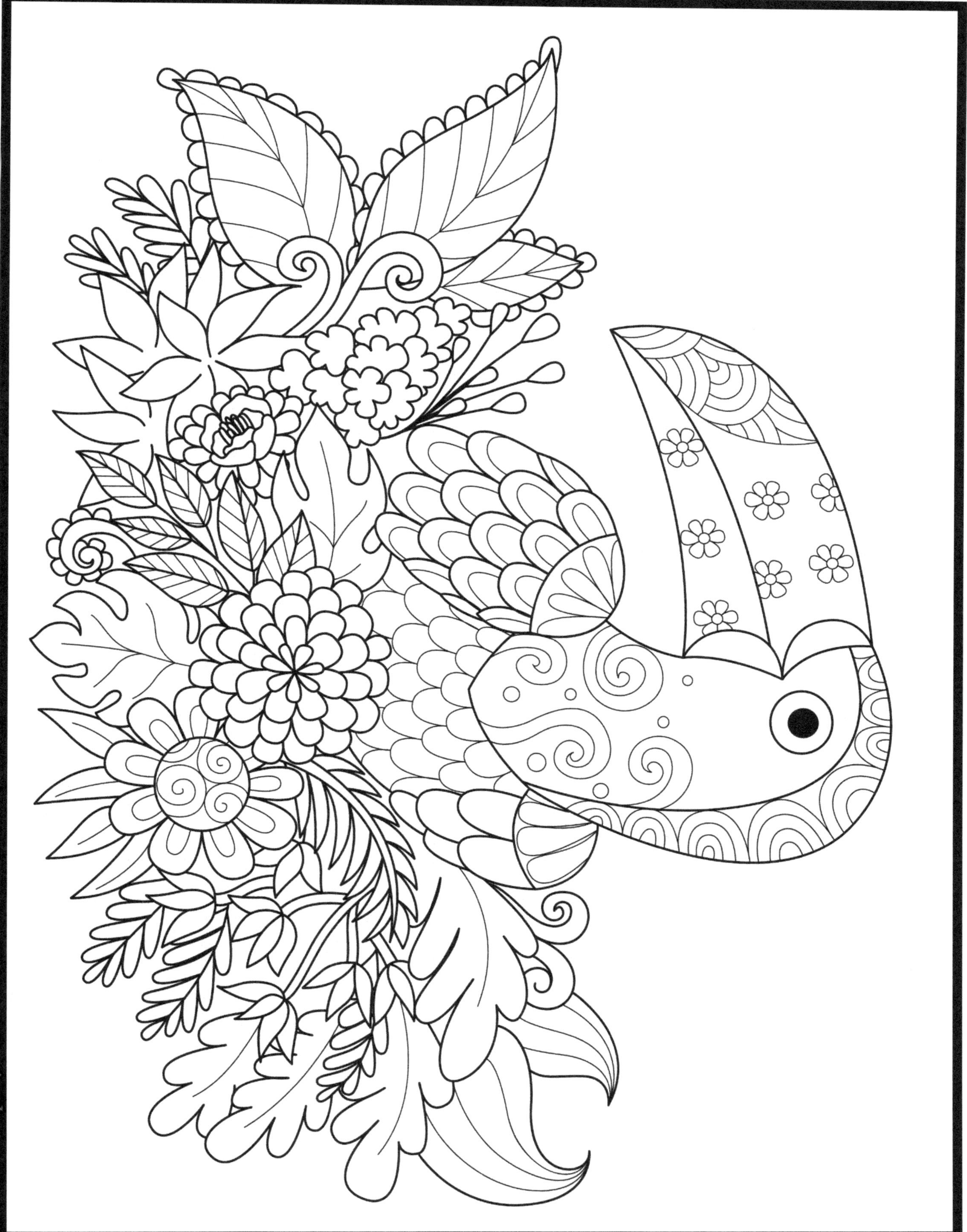

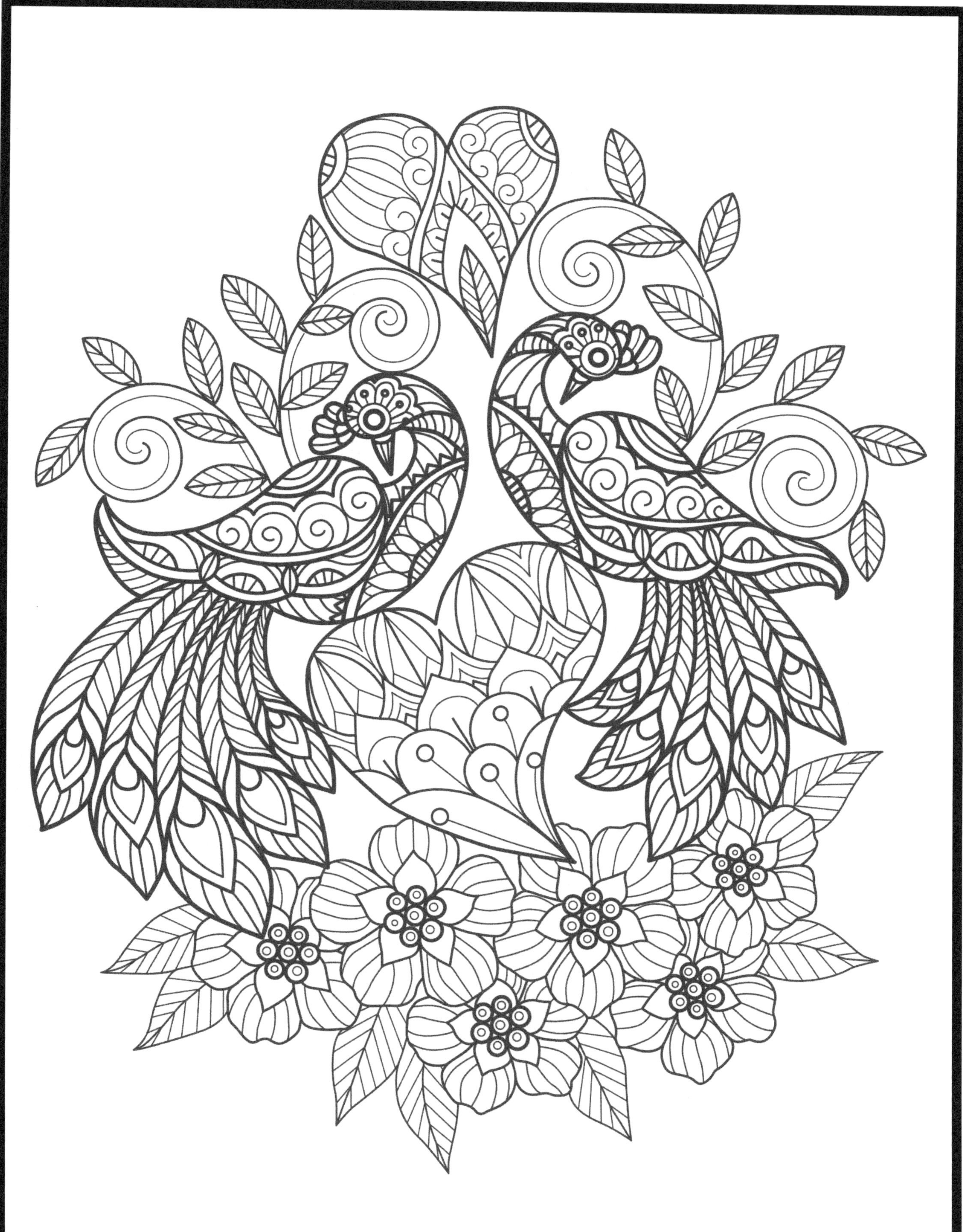

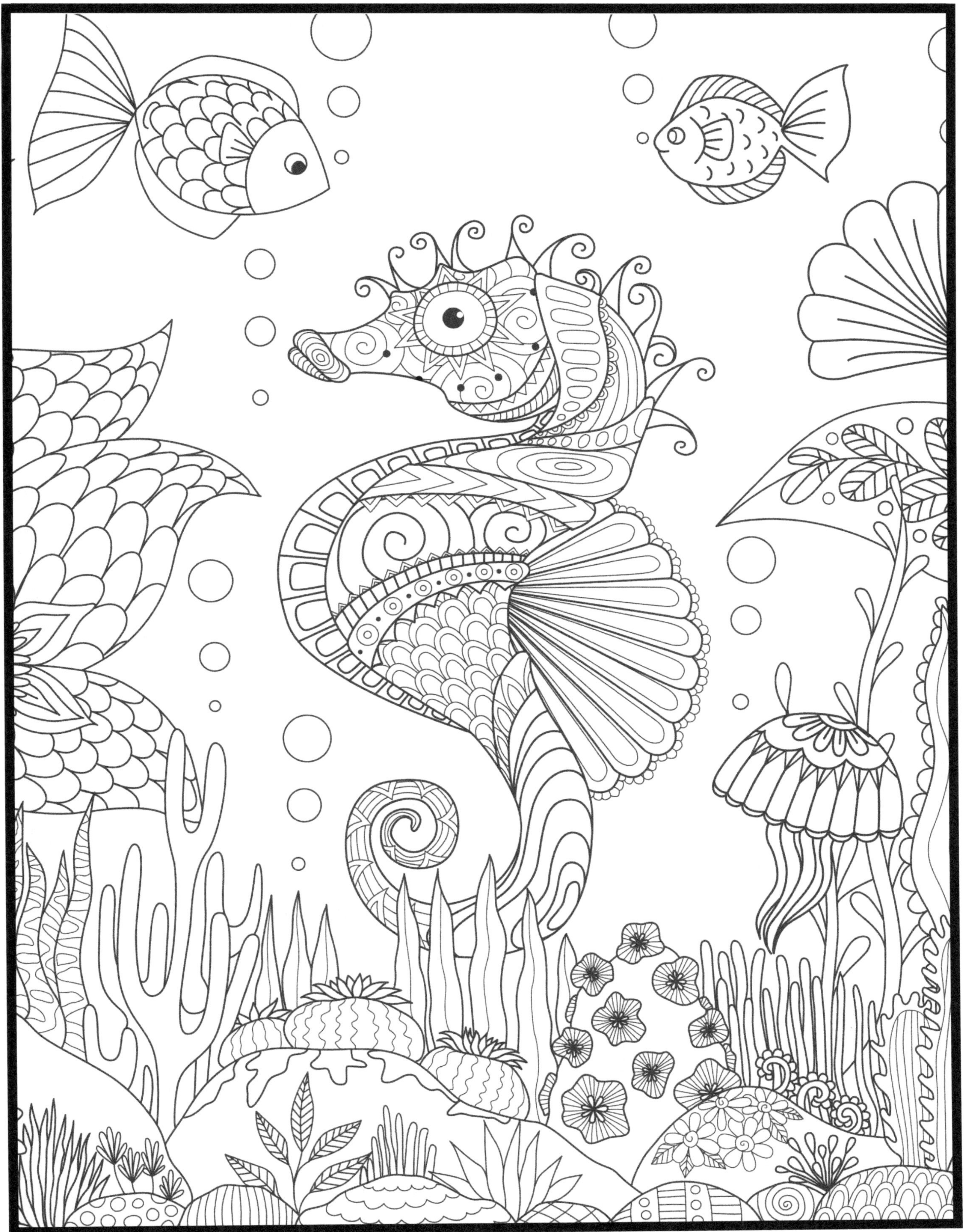

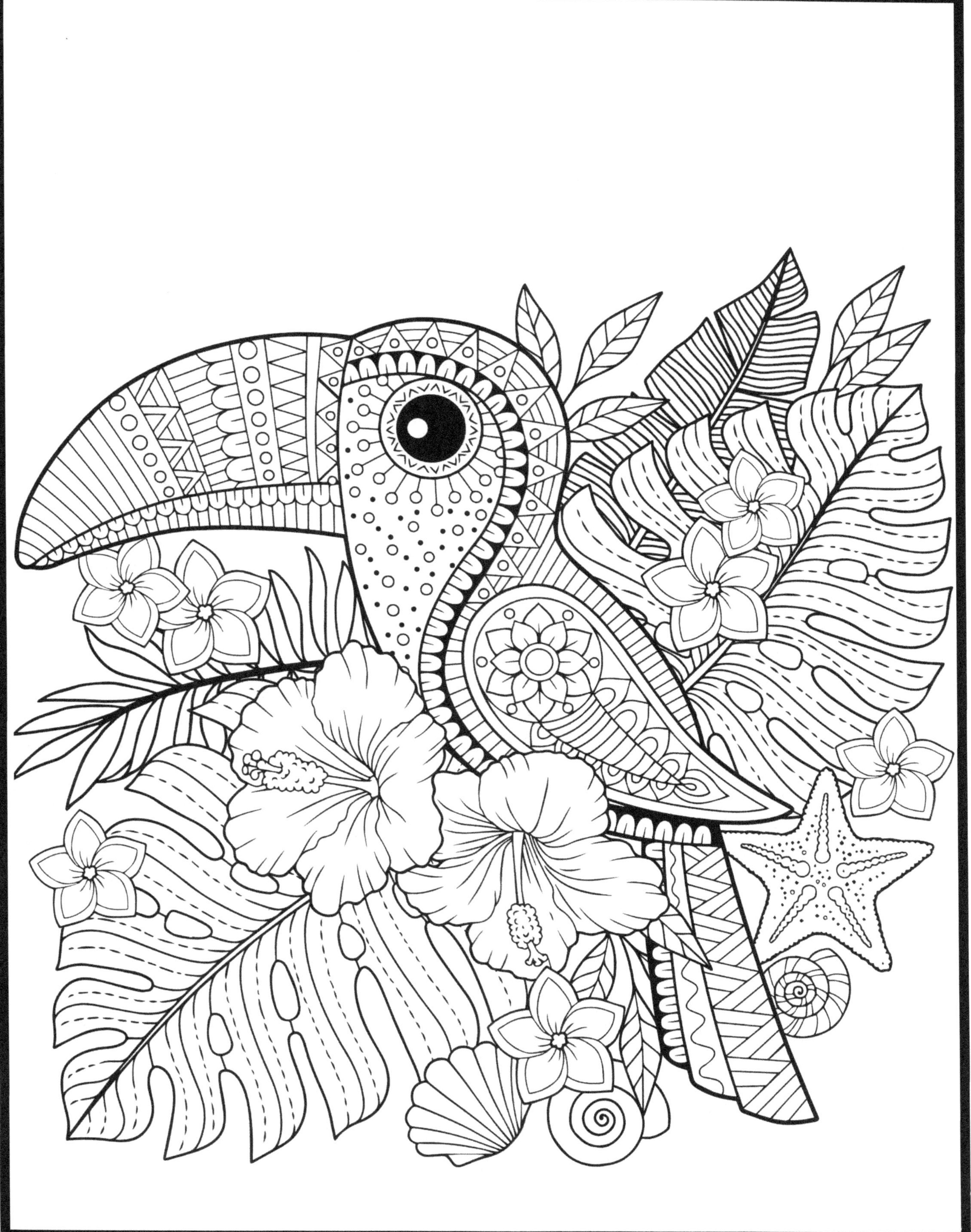

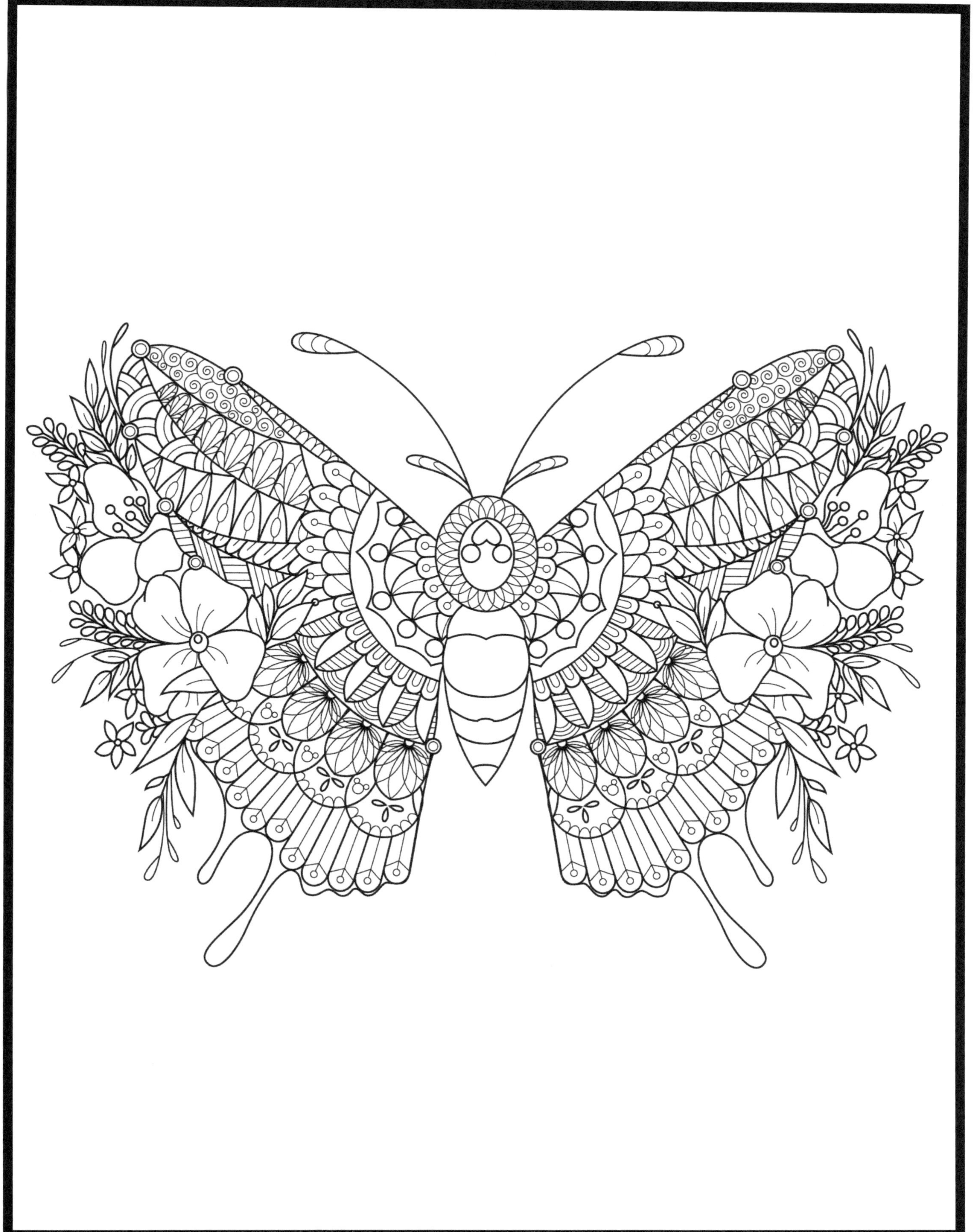

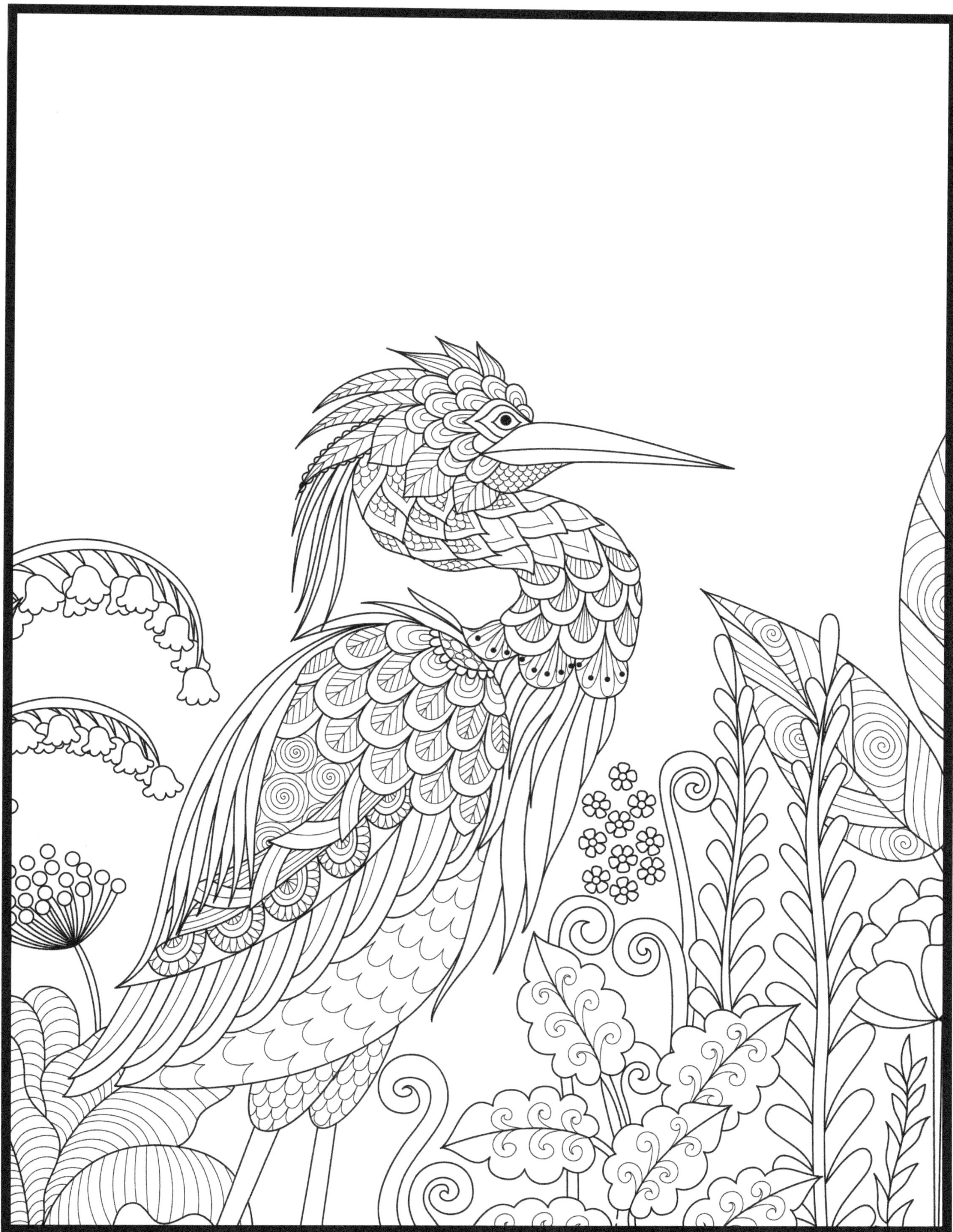

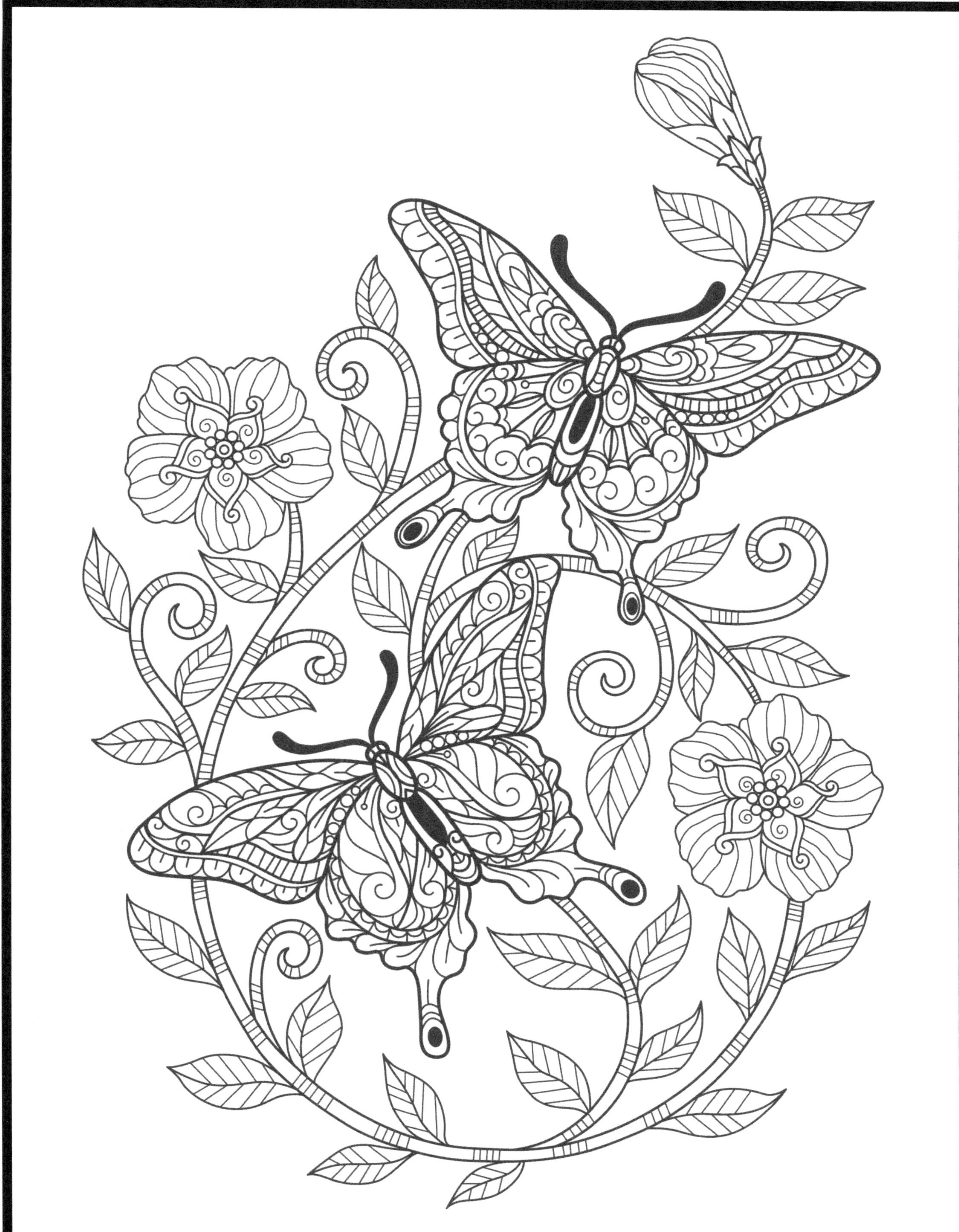